DR. PETRA HÖLZEL
BRITTA SCHÖFFMANN

Pferdeführerschein — Reiten

PRÜFUNGSWISSEN
DER FN FÜR THEORIE
UND PRAXIS

MIT KOSMOS MEHR ENTDECKEN
Nach aktueller
APO
2020
SEIT 1822

KOSMOS

☞ *Inhalt*

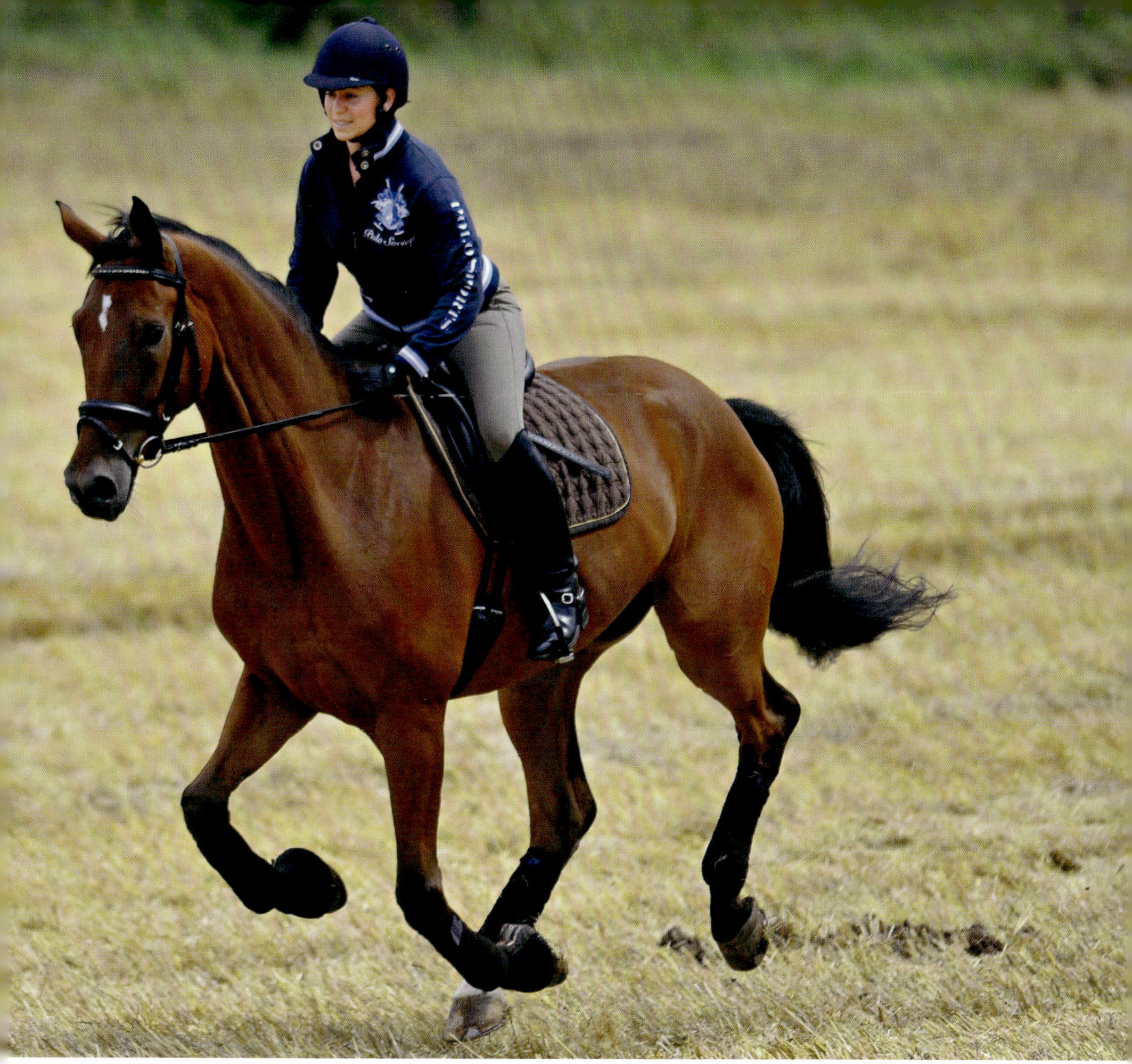

ZU DIESEM BUCH

Die Liebe zum Tier, das Reiten in der Natur, die Nachfrage nach Weiterbildung – all das nimmt einen immer größeren Stellenwert auch im freizeitlichen Umgang mit dem Pferd ein.

Kein Wunder, dass sich auch der Reitpass, vor über 40 Jahren von der Deutschen Reiterlichen Vereinigung als eine Art Führerscheinprüfung fürs Ausreiten ins Leben gerufen, nach wie vor ungebrochener Beliebtheit erfreut. Seit seiner Einführung haben ihn bereits über 276.000 Reiter und Reiterinnen absolviert. Das Kosmos-Buch „Der Reitpass" hat dieser Begeisterung all die Jahre Rechnung getragen und vielen, vielen Reitern zu mehr Wissen und zum erfolgreichen Absolvieren der Pferdeführerschein Reiten-Prüfung verholfen sowie Ausbilder bei ihrer Lehrgangs-Vorbereitung unterstützt.

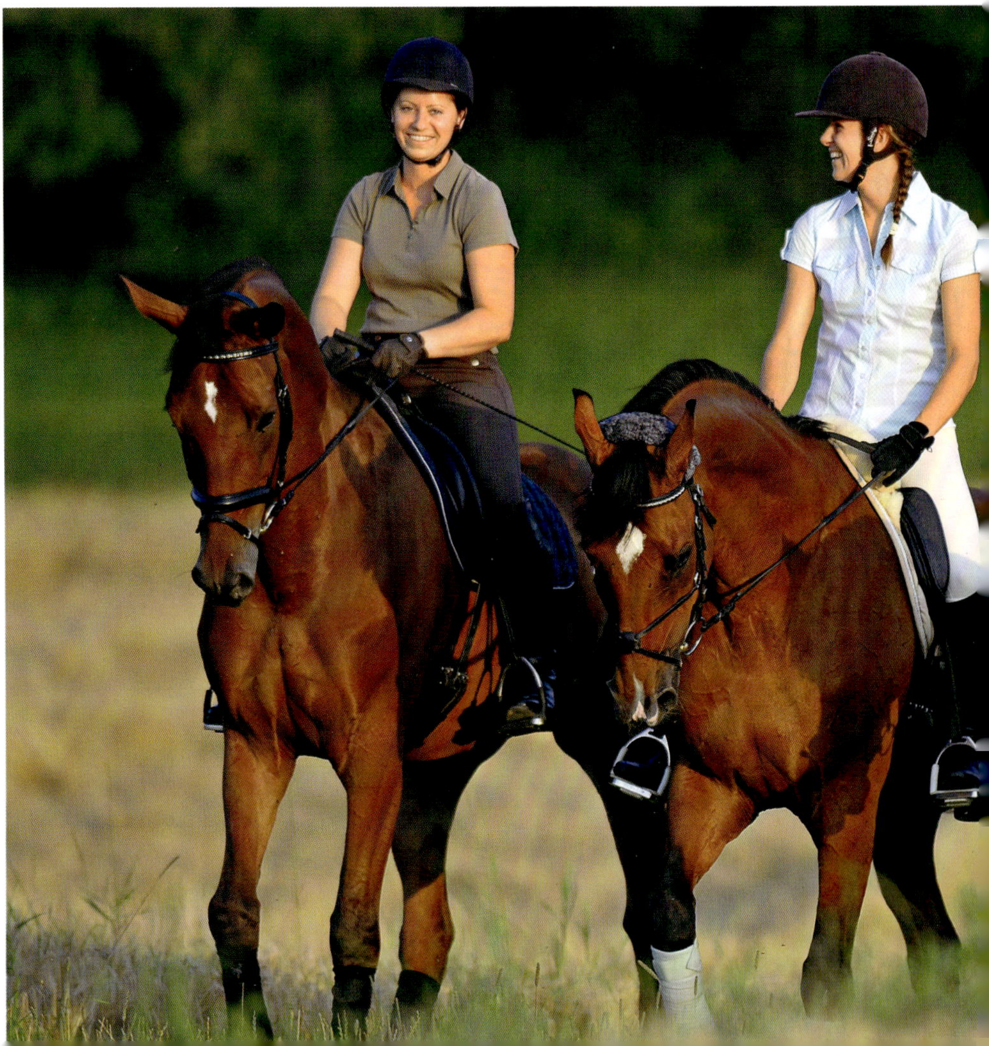

Verfasst hat das Buch seinerzeit als erste inhaltliche Aufarbeitung der Prüfungsbestimmungen Wolfgang Hölzel († 1999), der damalige Ausbildungsleiter an der Deutschen Reitschule in Warendorf. Nach seinem Tod überarbeitete seine Frau Dr. Petra Hölzel († 2010), mit der er auch viele weitere Ratgeber geschrieben hatte, das inzwischen zum Standardwerk avancierte Buch regelmäßig zu jeder Neuauflage. Die jüngsten Aktualisierungen nahm Kosmos-Autorin Dr. Britta Schöffmann vor, die sich schon als Kind mit den Hölzel-Büchern auf ihre Abzeichenprüfungen vorbereitet hatte und es deshalb als Ehre ansieht, das Werk des Ehepaars Hölzels in die Gegenwart zu holen.

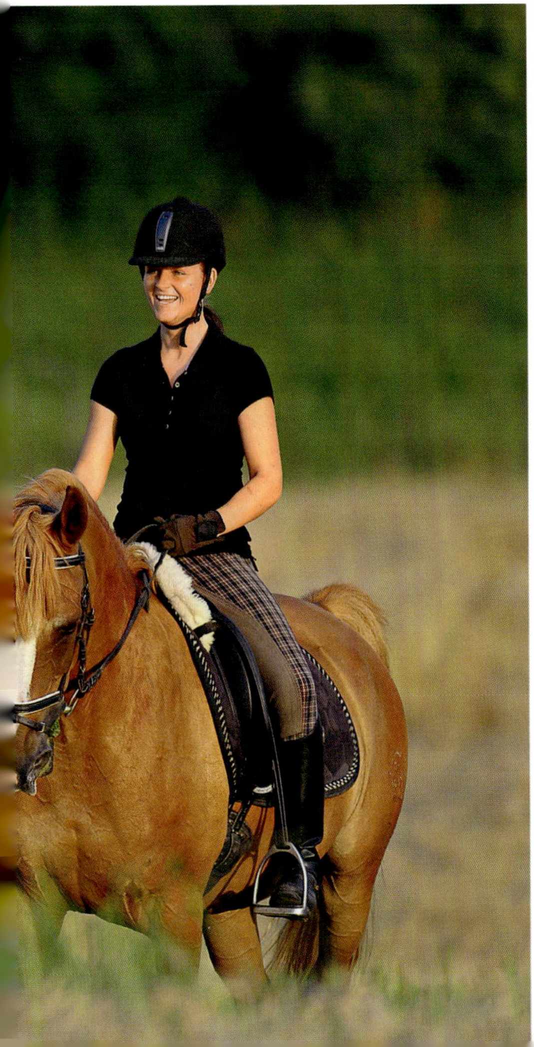

Inzwischen hat der Pferdeführerschein Reiten den Reitpass abgelöst. Der Pferdeführerschein Reiten bietet auch heute noch vor allem dem Nicht-Turnierreiter eine gute Möglichkeit, sein Wissen rund um die Themen „Pferd" und „Ausreiten" zu erweitern. Vor der Einführung des Reitpasses hatte es für den erwachsenen Freizeitreiter, der vielleicht ein- bis zweimal in der Woche – meist auf Vereinspferden – ritt, unterhalb der Deutschen Reitabzeichen keine Möglichkeit gegeben, sich durch ein Abzeichen bestätigen zu lassen, was er praktisch und theoretisch in seiner Reiterei erreicht hatte. Das erste Reitabzeichen, das ein Erwachsener damals erwerben konnte, war das Abzeichen in Bronze, dessen praktische Anforderungen (A-Dressur und A-Springen) für viele relativ hoch waren. Der Reitpass war für diese Reiter ein willkommenes Einstiegsabzeichen, eine sichtbare Anerkennung ihrer Kenntnisse.

Doch der Reitpass ist mehr als eine Vorstufe für ein Pferdeführerschein Reiten – er setzte und setzt Akzente, indem hier die praktische Prüfung ausschließlich im Gelände stattfindet. Damit existiert eine Prüfung für die ständig gewachsene Zahl begeisterter Geländereiter, die den Sinn ihres Sports eher im Reiten in freier Natur als in der Bahn oder in der Halle sehen. Und so wie sich das gesamte Abzeichen-System im Laufe der Jahre verändert und weiter entwickelt hat (heute gibt es allein zehn Stufen der Reitabzeichen, wobei RA 10 bis 6 vor allem grundlegende Kenntnisse/Fertigkeiten im Umgang mit dem Pferd vermitteln sollen, RA 5 bis 1 dagegen praktische und theoretische Kenntnisse/Fähigkeiten im Reitsport), so gibt es inzwischen auch noch weitere Abzeichen für Geländereiter, für die der Pferdeführerschein Reiten allerdings Grundlage und Voraussetzung ist.

In diesem Sinne wünschen wir viel Freude beim Lesen und Lernen sowie Erfolg bei der Prüfung!

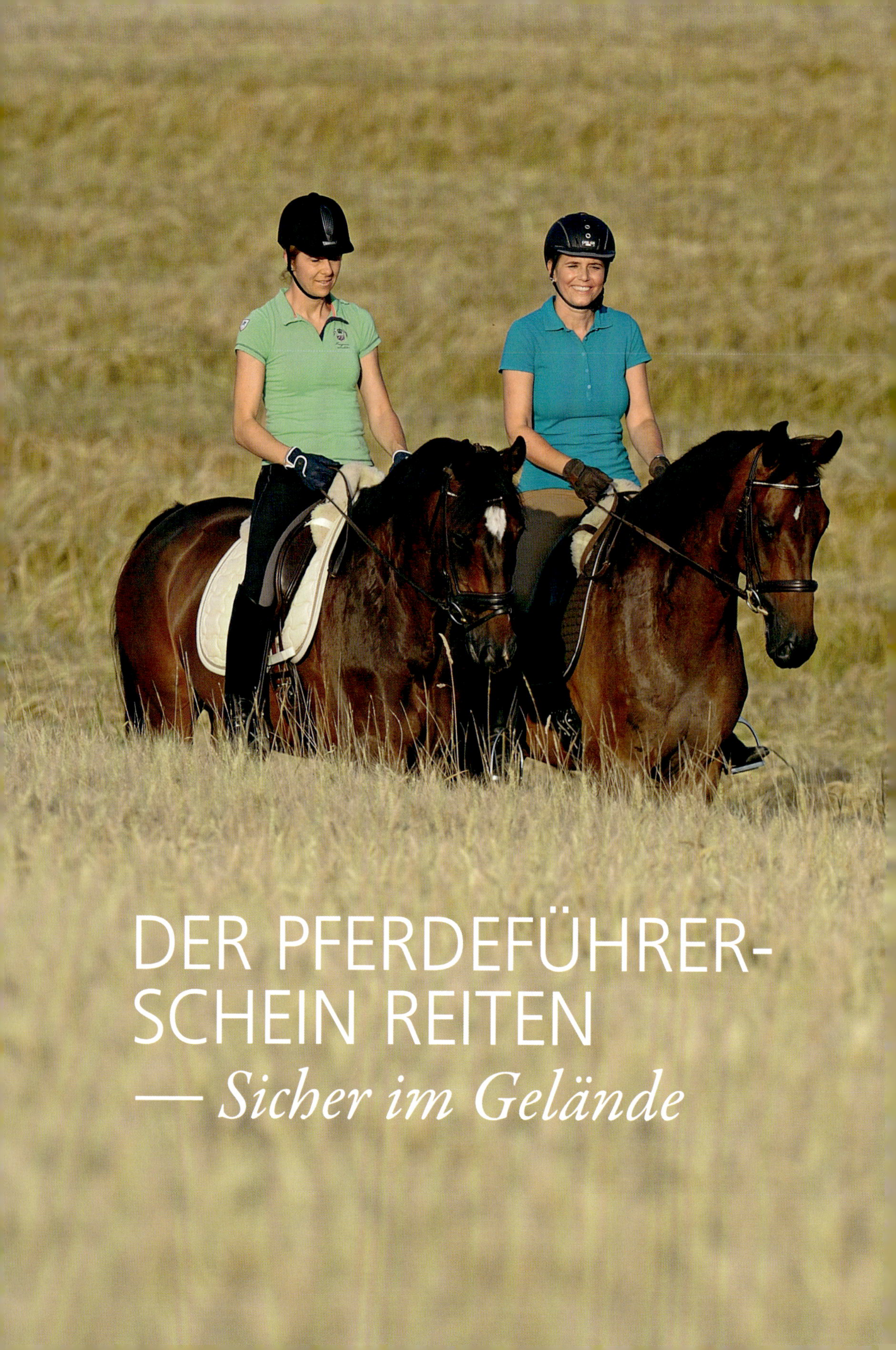

DER PFERDEFÜHRER-SCHEIN REITEN

— *Sicher im Gelände*

DER PFERDEFÜHRERSCHEIN UMGANG

Der Pferdeführerschein Reiten bietet die Möglichkeit, sich die praktischen und theoretischen Fertigkeiten und Kenntnisse bescheinigen zu lassen, die die notwendige Grundlage für das Reiten im Gelände sind. Voraussetzung für den Erwerb des Pferdeführerscheins Reiten ist der Besitz des Pferdeführerscheins Umgang.

Mit dem Erwerb des Pferdeführerscheins Umgang werden die grundlegenden Kenntnisse und Fertigkeiten im Umgang mit dem Pferd (siehe S. 8 f.) bescheinigt oder alternativ der Besitz der Reitabzeichen 7 und 6.
Der Pferdeführerschein Reiten ist eine Art Grundschein für das Reiten im Alltag, gleichsam ein Führerschein für Reiter, die sicher und selbstständig in Bahn und Gelände reiten möchten. Die praktische Prüfung für den Pferdeführerschein Reiten findet auf dem Reitplatz und/oder in der Reithalle und im Gelände statt. Die Anforderungen für den Erwerb des Pferdeführerscheins Reiten kommen also vor allem auch der großen Gruppe begeisterter Freizeitreiter entgegen, für die das Reiten etwas völlig anderes bedeutet, als der herkömmliche Turniersport.
Die Interessen dieser Gruppe werden überdies durch weitere Abzeichen im Geländereiten

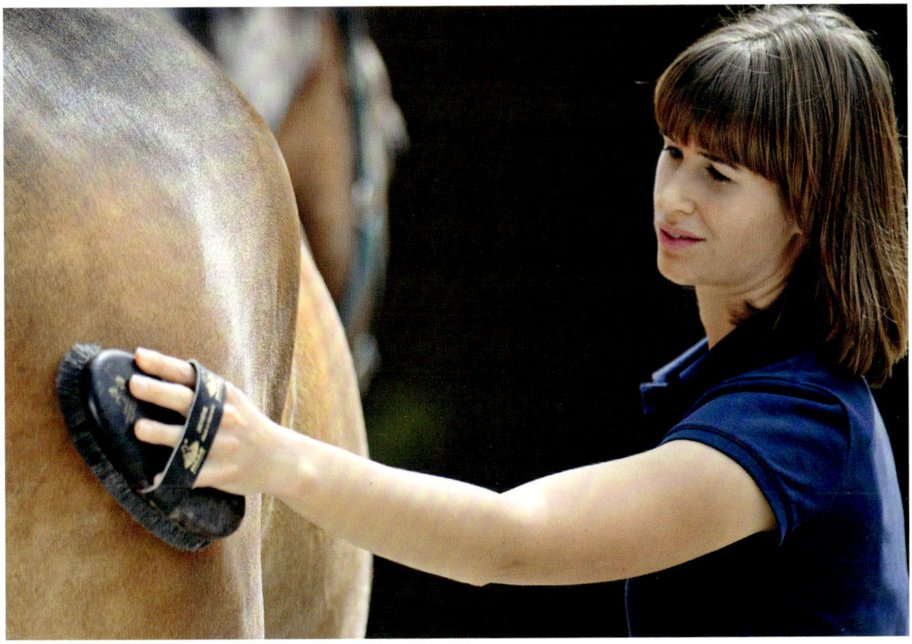

(Wanderreiten, Jagdreiten, Distanzreiten, Geländereitabzeichen) sowie eigene Geländereitabzeichen (ab RA 5) verstärkt berücksichtigt. Der Pferdeführerschein Reiten ist Voraussetzung für das Wanderreitabzeichen Stufe 1, das Jagdreitabzeichen Stufe 1 und das Distanzreitabzeichen Stufe 1. Auch lässt sich darauf das im Jahr 2014 neu geschaffene Geländereitabzeichen Stufe 1 ablegen.

Die erfreulich große Nachfrage nach der Prüfung wird vermutlich noch weiter wachsen. Das vorliegende Buch möchte die Leitlinien der FN inhaltlich ausfüllen und für die Praxis konkretisieren. Es will sowohl den Prüflingen als auch den Ausbildern bei der detaillierten Vorbereitung auf den Pferdeführerschein Reiten helfen, wobei dem Reiten im Gelände besondere Aufmerksamkeit gewidmet wird.

Aufgabe des Pferdeführerscheins Umgang ist es, dem Bewerber grundlegende Kenntnisse und Fertigkeiten im Umgang mit dem Pferd zu vermitteln.

Vor Erwerb eines Geländeabzeichens oder eines Reitabzeichens (außer es wurden bereits die RA 7 und 6 abgelegt) muss der Bewerber – wie bereits weiter oben gesagt – die Prüfung zum Pferdeführerschein Umgang bestanden haben. Es besteht keine Wartezeit zwischen dieser Prüfung und den weiteren Abzeichenprüfungen. Die Teilnahme an einem entsprechenden Vorbereitungslehrgang (durchgeführt von einem hierfür qualifizierten Ausbilder) ist vorgeschrieben. Voraussetzung sind geistige und körperliche Mindestreife des Bewerbers (zu empfehlen: Grundschulalter, mindestens sieben Jahre).

Die Prüfung besteht aus zwei Teilen, die an einem Tag abzulegen sind:

PRÜFUNG ZUM PFERDEFÜHRERSCHEIN UMGANG

Die Prüfung besteht aus vier Stationsprüfungen, die an einem Tag abzulegen sind. Es werden folgende Anforderungen gestellt:

1. ERSTER KONTAKT UND PFERDEPFLEGE

- Ansprechen und Annähern an das Pferd
- Aufhalftern
- aus der Box holen
- Halten an einem vorgegebenen Punkt
- Anbinden
- das angebundene Pferd zur Seite weichen lassen
- Passieren anderer Pferde
- Pferdepflege einschließlich Anlegen von Beinschutz
- Ausrüsten des Pferdes einschließlich Aufzäumen.

2. PFERDEVERHALTEN, VERHALTENSGERECHTER UMGANG MIT DEM PFERD EINSCHLIESSLICH HALTUNG, FÜTTERUNG UND GESUNDHEIT

- Bedürfnisse des Pferdes
- Haltungsformen, Stallklima, Stalleinrichtung, Auslauf und Weide, Stallhygiene Box- und Paddockpflege
- Identifizieren von Pferden mittels Farbe, Geschlecht, Abzeichen und Brandabzeichen
- Grundlagen der Pferdegesundheit, der Anatomie, der Pferdefütterung
- Kenntnisse über Impfungen, Wurmkuren, Erste-Hilfe-Maßnahmen
- Sicherheitsaspekte und Unfallverhütung,
- einschlägige Bestimmungen des Tierschutzgesetzes.

3. PRAKTISCHER UMGANG MIT DEM PFERD, BODENARBEIT, FÜHREN IM EINGEZÄUNTEN BEREICH

- Dreiecksvorführung (Anforderungen Bodenarbeit siehe RA 6 und 7)
- Geradeaus-Führen von beiden Seiten Gangmaßwechsel im Schritt
- Slalom, Traben auf gerader Linie
- Rückwärtsrichten
- Sicherheitsaspekte
- Unfallverhütung.

4. PRAKTISCHER UMGANG MIT DEM PFERD IN ALLTAGSSITUATIONEN, FÜHREN IM ÖFFENTLICHEN RAUM

(Je nach Pferd und Situation ist vom Lehrgangsleiter zu entscheiden, ob insbesondere Kinder dabei sicherheitshalber durch eine erfahrene Person begleitet werden.)

- Mithilfe/Grundsätze/Sicherheit beim Verladen/Transportieren
- Führen des Pferdes zur Weide
- Entlassen des Pferdes auf die Weide oder den Paddock
- Führen in Alltagssituationen aus dem öffentlichen Raum
- Sicherheitsaspekte
- Unfallverhütung.

In der Praxis gestellte Aufgaben verbinden sich naturgemäß mit theoretischen Erklärungen, so dass es nicht sinnvoll ist, den praktischen und den theoretischen Teil der Prüfung scharf zu trennen.

Das Prüfungsergebnis lautet „bestanden“ oder „nicht bestanden“. Eine nicht bestandene Prüfung kann zum nächstmöglichen Termin wiederholt werden, wobei alle Teilprüfungen zu wiederholen sind.

Hier einige Beispiele für mögliche Prüfungsfragen und -antworten im **theoretischen Teil**:

☞ WISSENS-**CHECK**

?	**Warum erschrecken Pferde oft bei geringfügigen Anlässen?**	✓	Pferde sind Fluchttiere und haben zudem einen viel weiteren Blickwinkel als Menschen.
?	**Genügt es, ein Pferd eine Stunde am Tag zu reiten?**	✓	Nein, denn es ist ein Bewegungstier und braucht darüber hinaus zusätzliche Bewegungsmöglichkeiten.
?	**Wie oft wird ein Pferd gefüttert?**	✓	Mindestens dreimal am Tag.
?	**Wann bekommt es die größte Portion und warum?**	✓	Am Abend, weil danach die lange Ruhepause der Nacht folgt. Diese ist für die Verdauung wichtig.
?	**Wie hoch ist die Normaltemperatur eines Pferdes in Ruhestellung?**	✓	37,5 bis 38,2 Grad Celsius.
?	**Wie soll ein guter Stall aussehen?**	✓	Möglichst groß, hell, mit guter Luft, aber ohne Zug. Die Box soll so geräumig sein, dass das Pferd sich frei darin bewegen kann. Sie sollte ein Fenster haben, das bei schönem Wetter ganz geöffnet werden kann.

BESTIMMUNGEN DER FN FÜR DIE PRÜFUNG

Der Pferdeführerschein Reiten stellt einen reitweisenübergreifendes Qualifikationsnachweis dar, er soll den bewussten und schonenden Umgang mit Natur und Umwelt fördern und das Verständnis für die Belange anderer Erholungsuchender vertiefen.

ALLGEMEINE BESTIMMUNGEN

Der Pferdeführerschein Reiten hat die Aufgabe, für Sicherheit und Übersicht beim Ausreiten zu sorgen und die Mitverantwortung des Reiters in Feld und Wald zum Ausdruck zu bringen. Das Ausbildungsziel ist durch geeignete Schulungsmaßnahmen zu vermitteln. Die FN (Fédération Equestre Nationale = Deutsche Reiterliche Vereinigung in Warendorf) hat die Bestimmungen für den Pferdeführerschein Reiten in der APO (Ausbildungs- und Prüfungsordnung), Ausgabe 2020, wie folgt festgelegt:

- Der Antrag auf Zulassung zur Prüfung ist vom Bewerber an den Veranstalter zu richten
- Voraussetzung sind eine körperliche und geistige Mindestreife (d. h. ca. sieben Jahre oder Grundschul- bzw. Lesealter), ein angemessenes reiterliches Können, der Pferdeführerschein Umgang und ein Vorbereitungslehrgang
- Die Prüfung kann von Reitvereinen sowie Pferdebetrieben, die dem Niveau eines FN gekennzeichneten Betriebes entsprechen, mit Genehmigung des LV (Landesverband der Reit- und Fahrvereine) bzw. der LK (Landeskommission für Pferdeleistungsprüfungen) durchgeführt werden. Ein entsprechender Vorbereitungslehrgang ist durchzuführen. Die Durchführung des Lehrgangs muss mindestens durch einen Trainer C, B, A Reiten mit gültiger DOSB (Deutscher Olympischer Sportbund) oder BLSV (Bayerischer Landes-Sportverband) Trainerlizenz bzw. Pferdewirt Fachrichtung Klassische Reitausbildung mit gültiger DOSB-Lizenz oder gültigem Fortbildungsnachweis der BBR (Bundesvereinigung der Berufsreiter) bzw. Pferdewirtschaftsmeister-Teilbereich Reitausbildung erfolgen.
- Der Prüfungskommission müssen mindestens zwei Personen angehören, entweder zwei Richter oder ein Richter und ein Prüfer Breitensport. Ein Prüfer vom FN-Anschlussverband ist zugelassen. Bei zehn oder weniger Prüfungsteilnehmern kann die Prüfung von einem Richter abgenommen werden.
- Reitregeln im Gelände
- Der Bewerber muss in beiden Prüfungsteilen „bestanden" erreichen
- Eine nicht bestandene Prüfung kann wiederholt werden. Über die eventuelle Anrechnung eines Prüfungsteils entscheidet die Prüfungskommission
- Nach bestandener Prüfung händigt die Prüfungskommission im Auftrag der FN den Pferdeführerschein Reiten und die Anstecknadel aus.

ANFORDERUNGEN

Die Prüfung besteht aus zwei Teilprüfungen, die an einem Tag abzulegen sind. Die Anforderungen und die Prüfung selbst sind auf alle Reitweisen abgestimmt. Die Ausrüstung von Pferd und Reiter muss dem üblichen Standard für das Geländereiten der jeweiligen Reitweise entsprechen. Am besten lässt man die verwendete Zäumung vom Lehrgangsleiter auf Zulässigkeit überprüfen.
Teilnehmen dürfen Pferde und Ponys ab 4 Jahren. Es werden in der Prüfung folgende Anforderungen gestellt:

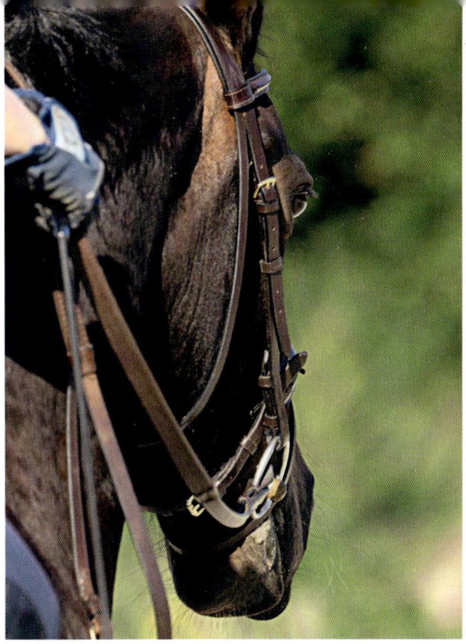

1. PRAXIS

- Vorbereiten des Pferdes zum Ausritt (Putzen, Zäumen, Satteln)
- Vormustern des gesattelten und gezäumten Pferdes analog Verfassungsprüfung
- Reiten in allen Gangarten beim Ausritt im Gelände
- Ausritt in der Gruppe
- Kolonnenreiten (nebeneinander, überholen, gegeneinander)
- Einzelgalopp von Punkt zu Punkt, Wegreiten von der Gruppe
- Überwinden kleiner natürlicher Hindernisse (z. B. Kletterstelle, Wassereinritt)
- Verhalten im Straßenverkehr mit Straßenüberquerung
- Versorgen des Pferdes bei Rast oder Unfall
- Beachtung der Reitregeln im Gelände.

2. STATIONSPRÜFUNG *

1. Grundkenntnisse der Reitlehre (Sitz, Hilfen, Gangarten)
2. Grundkenntnisse der Pferdehaltung (Pflege, Fütterung, Tränken, Anzeichen von Krankheiten, Giftpflanzen)
3. Reiterliches Verhalten und Umweltschutz (Begegnung mit Fußgängern, Rücksicht auf Jagd, Land- und Forstwirtschaft)

- Reiten im Straßenverkehr (Reiten im Verband, Verkehrsregeln)
- Unfallverhütung (z. B. Ausrüstung von Reiter und Pferd, Verladen, Anbinden)
- Erste Hilfe für Reiter und Pferd (Verhalten bei Unfällen und bei akuten Krankheiten des Pferdes)
- Rechtsvorschriften (Tierschutzgesetz, Straßenverkehrsrecht, Reiten in Feld und Wald, Tierhalterhaftung und -versicherung)

** Info: Der Bewerber ist in jedem der Prüfungsgebiete als eine Station praktisch und/oder theoretisch zu prüfen.*

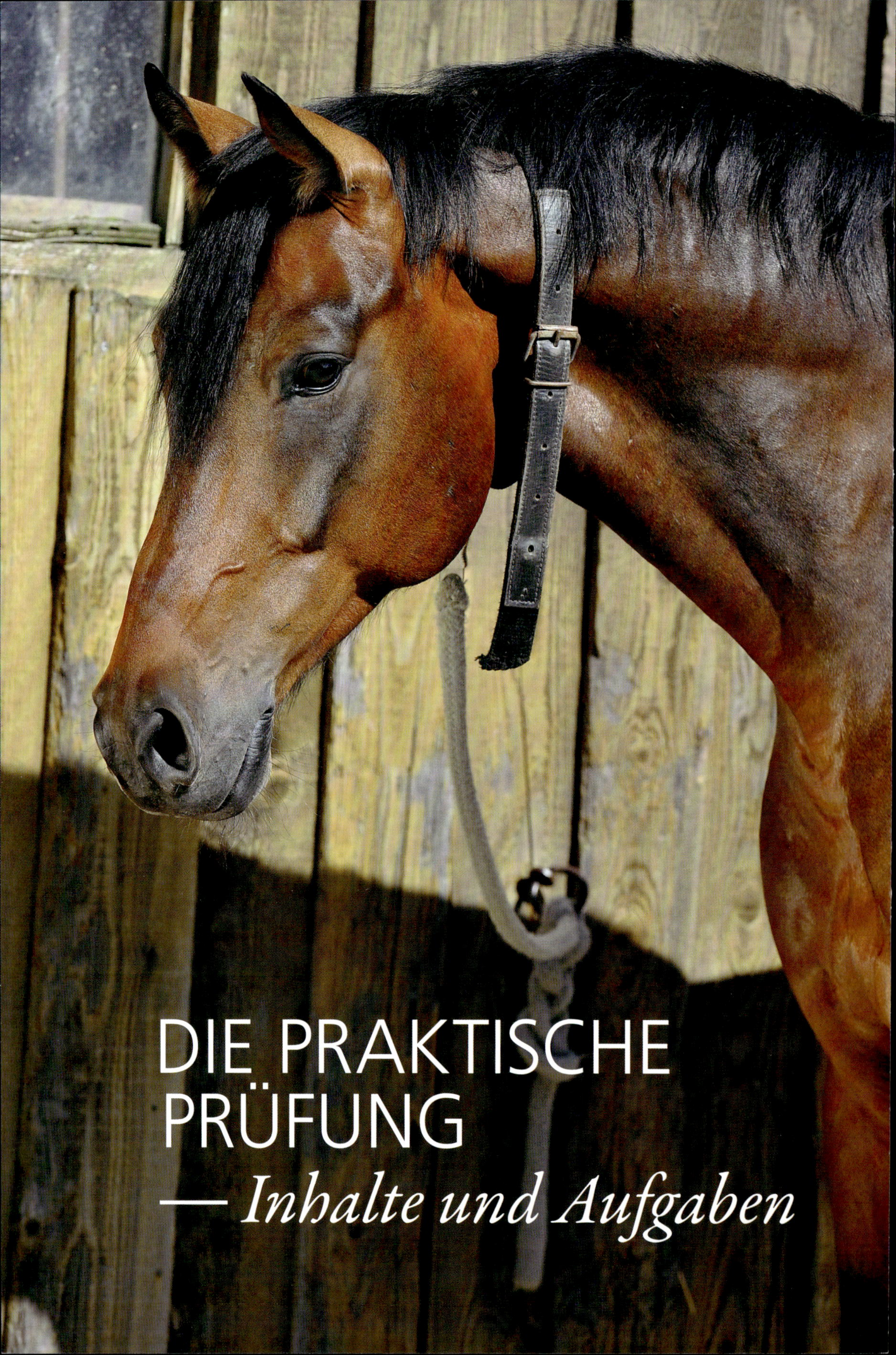

DIE PRAKTISCHE PRÜFUNG

— *Inhalte und Aufgaben*

FERTIGKEITEN IM REITEN

Je nach Anmarschweg, Geländebeschaffenheit und Teilnehmerzahl dauert die Prüfung ein bis zwei Stunden. Der Prüfer reitet in der Regel mit der Gruppe mit und stellt die Aufgaben. Nicht der Prüfer, sondern ein vom Veranstalter bestimmter fortgeschrittener Reiter, der kein Prüfungskandidat ist, sollte die Prüfungsgruppe anführen.

Dieses Kapitel behandelt ausschließlich das Reiten im Gelände, allerdings muss der Prüfling auch die Reitbahnregeln kennen (siehe vordere Umschlagklappe).
Vorangestellt werden grundsätzliche Bemerkungen zum Ausreiten. Daran schließen sich mögliche Prüfungsaufgaben an.

Für einen gelingenden Geländeritt ist ein geeignetes Pferd Voraussetzung. Dieses hat idealerweise eine solide Grundausbildung genossen, reagiert gehorsam auf die Reiterhilfen und ist an typische Situationen im Gelände (Begegnungn mit Spaziergängern, Autos, Radfahrern) gewöhnt.

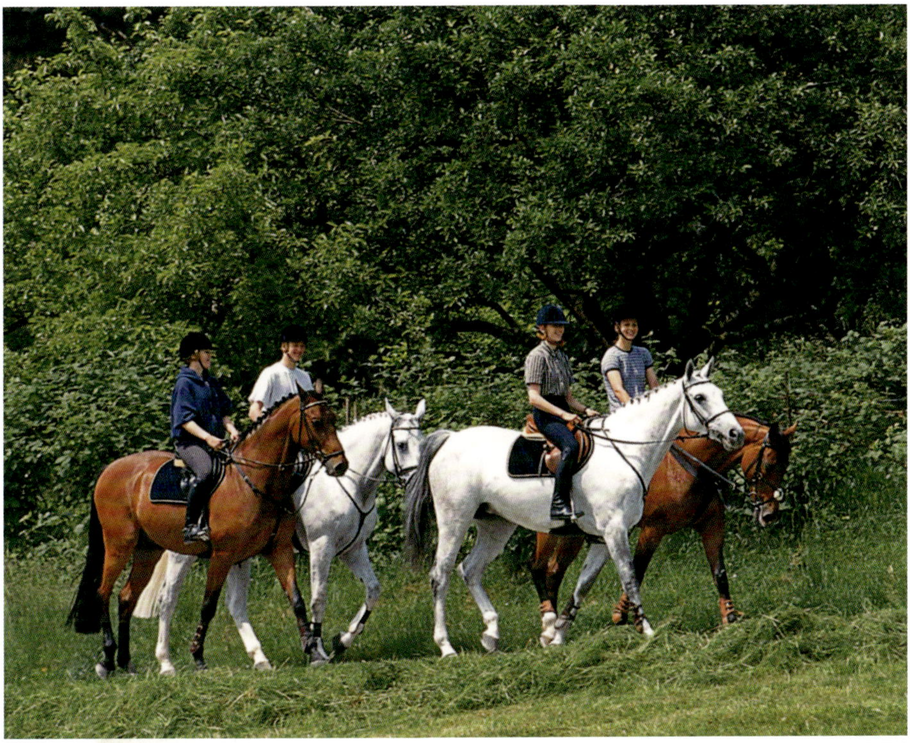

Jeder Ausritt beginnt mit mindestens zehn Minuten Schritt reiten.

GRUNDSÄTZLICHES ZUM REITEN IM GELÄNDE

Das Reiten im Gelände unterscheidet sich in einigen Dingen deutlich vom Reiten auf der Reitbahn in einer Halle oder einem Außenplatz. Die meisten Pferde sind in der Natur wachsamer, manchmal auch ängstlich, so dass der Reiter auf einen plötzlichen Hüpfer gefasst sein sollte.

SITZ UND EINWIRKUNG DES REITERS

Im Gelände werden die Bügel zwei bis vier Loch kürzer geschnallt als beim Reiten in der Bahn.

Im Trab trabt der Reiter immer leicht, um den Pferderücken und sich selbst zu entlasten. Sehr wichtig ist dabei das regelmäßige Fußwechseln (siehe S. 26), damit das jeweilige diagonale Beinpaar gleichmäßig belastet wird. Im Galopp wird – ebenfalls zur Entlastung des Pferderückens und des Reiters – der leichte Sitz (siehe S. 40) eingenommen. Es ist darauf zu achten, dass das Pferd gleichmäßig abwechselnd im Links- und im Rechtsgalopp geht, damit nicht eines der beiden Vorderbeine überlastet wird. Galoppiert das Pferd nicht im gewünschten Galopp an oder wechselt es den Galopp bereits nach einigen Sprüngen, so pariert der Reiter durch und galoppiert von Neuem an. Wer einen fliegenden Wechsel beherrscht, darf natürlich auch auf diese Art den Galopp wechseln.

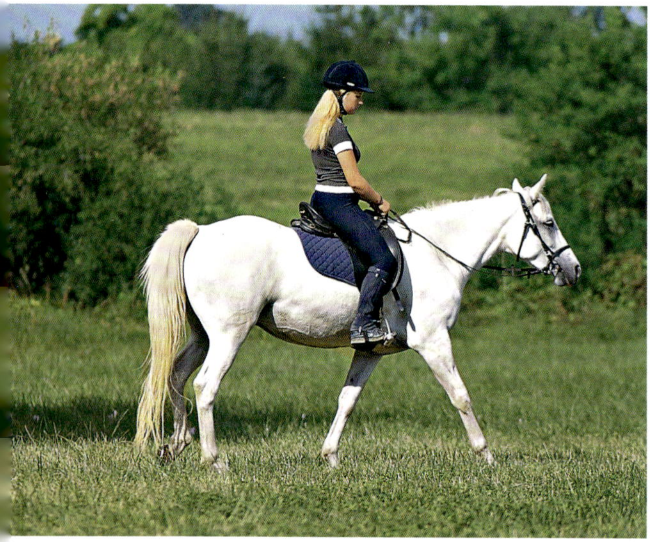

Schrittpause am langen Zügel

EINTEILUNG UND TEMPO

Am Anfang und am Ende eines Ausrittes sollten jeweils mindestens zehn Minuten Schritt geritten werden. Auf die anfängliche Schrittphase folgt eine lösende Trabphase, aus der dann der erste ruhige Galopp entwickelt wird. Das Tempo im Trab entspricht einem frischen Arbeitstrab, das Tempo im Galopp dem frischen Arbeitsgalopp oder dem Mittelgalopp, das sind ca. 300 Meter in der Minute. In einer späteren Phase des Rittes kann über kürzere Strecken auch einmal das Galopptempo bis auf 450 Meter/Minute erhöht werden. „Pulvrigen“ Pferden bekommt es sogar sehr gut, wenn sie sich im Galopp einmal voll aus-

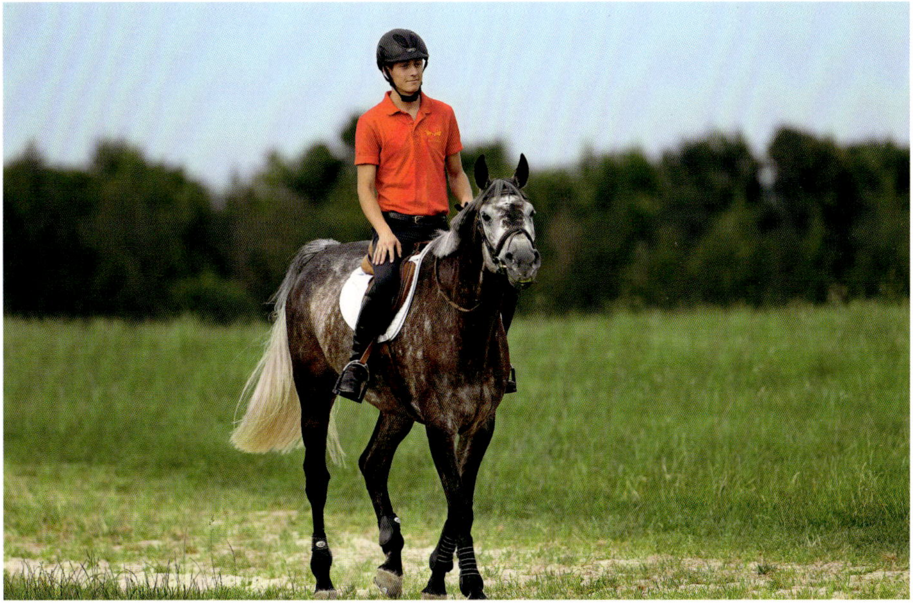

Bummeln mit hingegebenem Zügel

powern dürfen. Dabei muss das Pferd jedoch immer unter Kontrolle bleiben, muss sich also stets durchparieren lassen, sobald es notwendig ist. Nach jedem schnellen oder längeren Galopp muss eine ausgiebige Schrittpause eingelegt werden, damit sich Puls und Atmung des Pferdes beruhigen können. Auf Schrittpausen sollte immer besonderer Wert gelegt werden. Auf jede größere Anstrengung folgt ein ruhiges, zwangloses Bummeln im Schritt, das nicht nur der physischen Erholung, sondern auch der psychischen Ausgeglichenheit des Pferdes dient. Wenn das Pferd ruhig und entspannt ist, reitet man Schritt am langen Zügel, hält also eine leichte Verbindung zum Pferdemaul. Bei wirklich geeignetem, also ebenem und übersichtlichem Gelände, dürfen die Zügel hingegeben werden.

Ebenso wichtig wie das Fußwechseln im Trab und Galopp ist ein ausgewogener Wechsel zwischen den verschiedenen Gangarten. Oberstes Gebot muss sein, dass das Pferd nicht zu stark schwitzt. Besonders bei längeren Ausritten gilt als Hauptregel das Haushalten mit den Kräften des Pferdes. Außerdem ist ein sicherer Takt der Pferdebewegung wichtig, damit das Pferd zur Losgelassenheit findet. Der Reiter muss deshalb darauf achten, dass Tempo und Schrittlänge nicht ständig verändert werden.

Die Länge der Gesamtstrecke hängt von der Verfassung und dem Trainingszustand des Pferdes sowie von den Bodenverhältnissen ab. Der normale Kurzausritt von ein bis zwei Stunden kann ohne besonderes Training und – abgesehen von vernünftigen Schrittpausen – auch ohne Rast jedem gesunden Pferd zugemutet werden.

LANGER UND HINGEGEBENER ZÜGEL

Am langen Zügel heißt, dass die Zügel dem Pferd so viel Halsfreiheit geben, wie es sie braucht, um sich an die Hand heranzudehnen; der Reiter behält dabei eine leichte Verbindung zum Pferdemaul. Mit hingegebenem Zügel bedeutet, dass die Zügel ganz lang gelassen, also hinten an der Schnalle angefasst werden: Es besteht keine Verbindung zwischen Reiterhand und Pferdemaul.

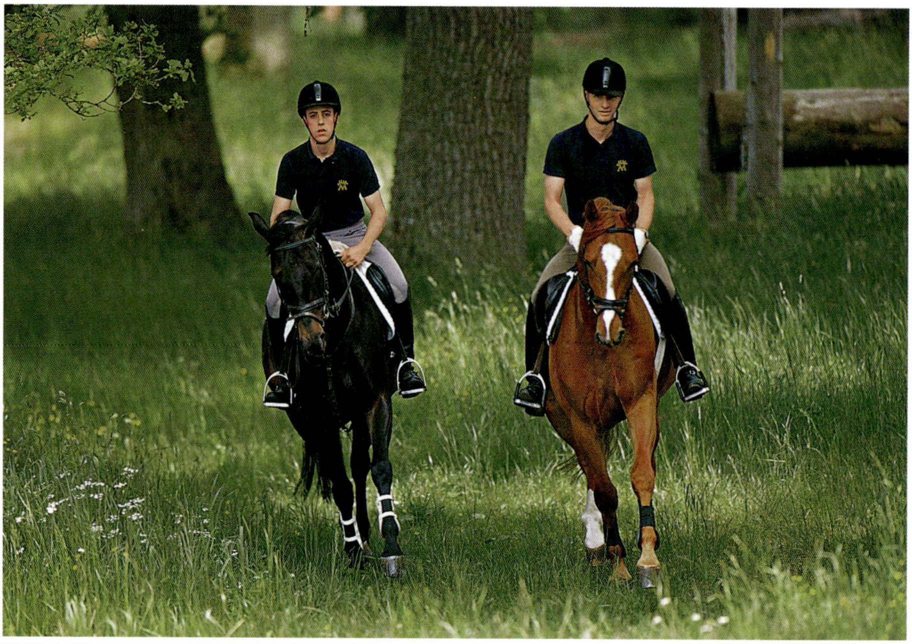

Die Länge und das Tempo eines Ausrittes müssen der Kondition des Pferdes angepasst sein.

PLANUNG LÄNGERER AUSRITTE

Es gibt inzwischen eine Vielzahl von gut geführten und organisierten Ein-, Mehrtages- oder Wanderritten in Deutschland und im Ausland.

Wer aber das kleine Abenteuer wagen möchte, einen längeren Ritt selbst zu planen und durchzuführen, muss zwar mehr Zeit, Mühe und Unbequemlichkeiten in Kauf nehmen, wird aber auch viel Freude daran haben. Empfehlenswert ist es, wenn ein Mitglied der Gruppe bereits über Erfahrungen mit Mehrtagesritten verfügt und weiß, welche Ausrüstung notwendig ist.

TIPP

Die FN bietet zahlreiche Broschüren und Informationen für Mehrtagesritte an. Nähere Informationen hierzu auf der Homepage des FN-Verlags.

Bei der Vorbereitung sind vor allem folgende Punkte zu beachten: Das Pferd muss sinnvoll trainiert worden sein, das heißt, es sollte acht bis zwölf Wochen vorher wenigstens dreimal in der Woche bis zu drei Stunden im fleißigen Schritt, Trab und Galopp im Gelände geritten werden. Es ist selbstverständlich, dass auch der Reiter fit sein muss.

Sinnvoll ist es, die Leistung allmählich zu steigern. Die Dauer des Rittes wird zuerst auf einen halben, schließlich auf einen ganzen Tag ausgedehnt. Dabei erkundet man die nähere Umgebung in einem Radius von 25 bis 30 Kilometern. Je nach Wetter und Geländebeschaffenheit kann bei einem Tagesritt eine Strecke von 25 bis 40 Kilometern zurückgelegt werden, auf keinen Fall aber sollte man das Höchstmaß von 50 Kilometern überschreiten. Wenn das Gelände bergig ist oder sommerliche Hitze herrscht, ist die Anstrengung größer; dem Pferd sollte dann keine zu lange Wegstrecke zugemutet werden. Wichtig ist es, darauf zu achten, dass der größte Teil des Weges vor der längeren Mittagsrast zu-

rückgelegt wird. An heißen Sommertagen sollte man sehr früh aufbrechen, während der Mittagsstunden eine lange Rast einlegen und erst am späteren Nachmittag weiterreiten.
Bei Ritten, die mehrere Tage dauern, muss das Streckenmaß für jeden Tag sehr genau festgelegt sein. Wenn das Gelände nicht bekannt ist, ist eine maßstabgerechte Landkarte erforderlich (Maßstab 1:25 000) oder ein elektronisches Navigationsgerät. Broschüren über Reitwege sind bei der Deutschen Reiterlichen Vereinigung erhältlich.
Ferner müssen Unterkünfte für Pferd und Reiter vorbereitet sein und es muss dafür gesorgt sein, dass das Futter für das Pferd bereitliegt. Diese Vorbereitungen erledigt man am besten, indem man vorher mit dem Auto die Quartiere aufsucht. Dabei sollte man nicht vergessen, sich bei den zuständigen Reitvereinen, Förstern oder Landwirten zu erkundigen, welche Reitwege zur Verfügung stehen.
Bei der Zusammenstellung der Ausrüstung muss eingeplant werden, wie sie befördert werden soll. Wird alles in Satteltaschen mitgeführt, so muss sich der Reiter auf das Notwendigste beschränken. Wenn die Ausrüstung mit dem Auto transportiert wird, kann man etwas großzügiger planen.
Als Sattel ist der Trachtensattel besonders zu empfehlen, da er die Wirbelbrücke des Pferdes freier lässt als andere Sattelarten und sich zudem besser für das Anbringen von Ausrüstungsgegenständen eignet.
Als Sattelunterlage sind Sattelpads oder ein Woilach zu empfehlen. Der Sattelgurt sollte möglichst breit und weich, die Steigbügel müssen breit und schwer sein. Das Sattel- und Zaumzeug ist vor einem längeren Ritt sehr sorgfältig zu überprüfen; dabei muss besonders darauf geachtet werden, dass Steigbügelriemen und Gurtstrupfen intakt und gut gepflegt sind.
Gut gepflegt und elastisch müssen auch die Hufe des Pferdes sein. Der Beschlag ist mit Hartstiftstollen zu versehen und spätestens eine Woche vor dem Ausritt zu erneuern.

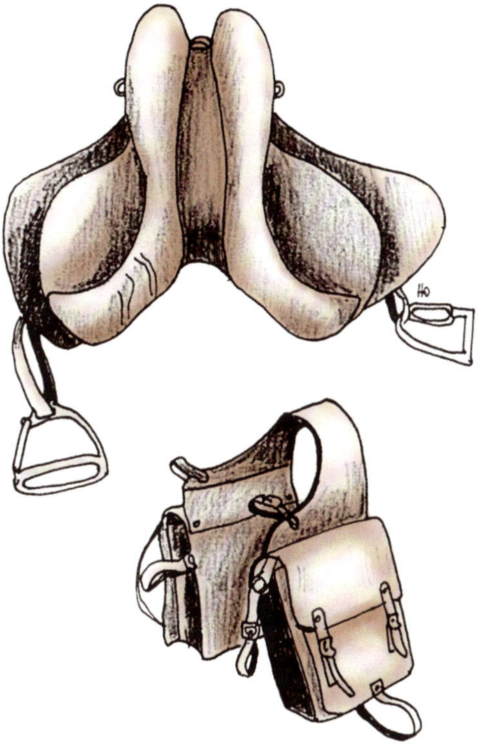

Trachtensattel und Satteltaschen

AUSRÜSTUNG DES PFERDES FÜR EINEN LÄNGEREN RITT

— Stallhalfter mit Anbindestrick
— Putz- und Pflegemittel
— eine kleine Hausapotheke
— Pferdedecke
— Hufbeschlagzeug einschließlich zweier vorgefertigter Eisen.
— Falteimer zum Tränken unterwegs

Zumindest ein Reiter in der Gruppe sollte in der Lage sein, ein Eisen selbst anzunageln!

NÜTZLICHE GEGENSTÄNDE

— Karte und Kompass
— Navigationsgerät mit Ersatz-Akkus
— passende Kleidung
— gutes Schuhwerk
— Notfallapotheke

Während des Rittes sollte man etwa alle drei Stunden eine Rast einlegen. Der Rastplatz wird sorgfältig ausgesucht: Er muss wind- und bei Hitze sonnengeschützt, nach Möglichkeit frei von Mücken und Bremsen, auf jeden Fall aber frei von Giftpflanzen sein!
Gutes Gras dagegen ist eine willkommene Erfrischung für das Pferd.
Schwitzende Pferde müssen erst eine Weile geführt werden, bevor man sie stehen lässt. Bei Kälte sind die Pferde einzudecken.
Auf keinen Fall darf man ein Pferd mit den Zügeln anbinden! Ist kein Stallhalfter mit Strick zur Hand, so muss das Pferd gehalten werden. Bei einer Gruppe können die Pferde durch sogenannte „Schlaufen“ (s. Abb. unten) verbunden und dann von zwei Reitern gehalten werden.
Wenn die Pferde grasen, wird das Gebiss ausgeschnallt, besser noch: das mitgebrachte Stallhalfter angelegt. Es ist immer darauf zu achten, dass sich die Pferde nicht schlagen können.
Es ist ratsam, bei der Rast Beschlag, Sattel- und Gurtlage und die Pferdebeine auf Verletzungen hin zu untersuchen. Ist sauberes Wasser vorhanden, reinigt man die Sattellage. Zusätzlich kann der Reiter viel zur Schonung seines Pferdes beitragen, wenn er immer wieder (etwa jede Stunde) eine Weile absitzt und es führt. Das verschafft nicht nur dem Pferd Erleichterung, sondern tut auch dem Reiter gut!

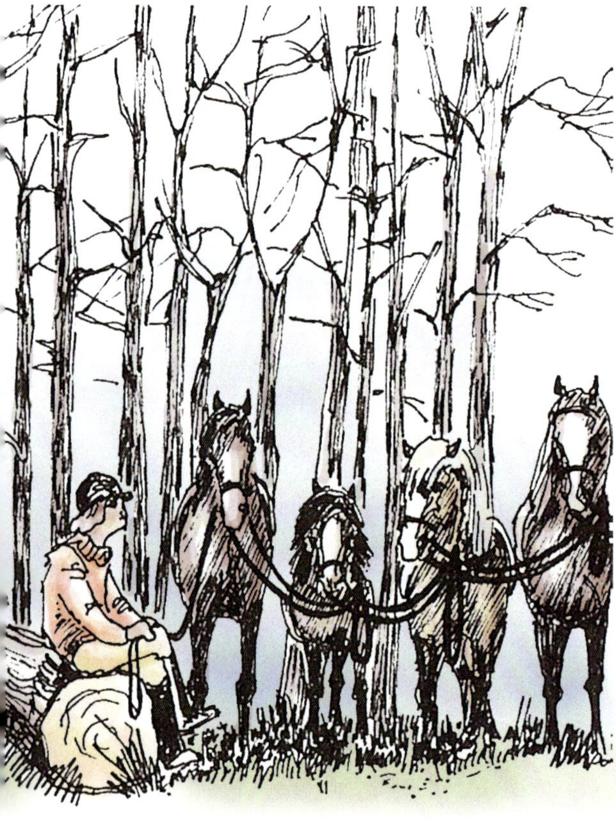

Mehrere Pferde durch „Schlaufen“ verbunden

ACHTUNG
Das Nachtquartier sollte unbedingt so rechtzeitig vor Einbruch der Dunkelheit erreicht sein, dass die Pferde noch bei Tageslicht versorgt werden können.

BODENBESCHAFFENHEIT UND STRECKE

Noch wichtiger als bei Kurzausritten sind bei längeren Ausritten Bodenbeschaffenheit und Strecke für die Gesundheit des Pferdes. Durch Unachtsamkeit kann die Freude des Reiters getrübt werden, wenn beispielsweise ein Flurschaden entsteht.
Voraussetzung zum Galoppieren ist eine übersichtliche, ebene oder leicht ansteigende Strecke. Der Boden sollte weich und federnd und weder zu feucht noch zu tief sein; das gilt ganz besonders für das Galoppieren in höherem Tempo. Trockener Gras- und Sandboden eignen sich hierfür am besten. Auf Feldwegen mit tiefen Treckerspuren reitet man auf dem Mittelstreifen. Unbedingt zu vermeiden ist das Galoppieren auf Steinen und befestigten Wegen.

Es darf niemals Flurschaden durch Reiten abseits von Wegen entstehen! Ritte durch Forstkulturen, Dickungen, eingesäte Äcker und Neuanpflanzungen sind verboten. Zu möglichst großen Teilen sollte die Strecke über unbefestigte Feldwege führen. Verboten ist auch das Reiten auf Wiesen, Feldern, Fuß- und Radwegen. In den Wintermonaten darf über Wiesen nur mit Genehmigung des Besitzers geritten werden.

GEFAHREN UND RISIKO-SITUATIONEN

Morsche Brücken und unbekannte Gewässer sind gefährlich und deshalb unbedingt zu meiden. Auch sumpfiges Gelände ist tabu! Taucht auf dem Weg eine schmale Brücke auf, so ist es meist besser und reiterlicher, abzusitzen und das Pferd hinüberzuführen, um kein unnötiges Risiko einzugehen.
Dasselbe gilt, wenn der Weg unter einer niedrigen Brücke hindurch führt. Vor allem, wenn auf dieser Brücke reger, lauter Autoverkehr herrscht, sollte man lieber absitzen, als sich und sein Pferd in eine gefährliche Situation zu bringen. Auch durch Straßentunnels und über Autobahnbrücken wird das Pferd geführt.
Scheut ein Pferd, so versucht man, es im Schenkelweichen oder schulterhereinartig an dem gefürchteten Gegenstand vorbeizureiten. Beim Reiten in der Gruppe empfiehlt es sich, ein Pferd vorausgehen zu lassen. Wenn ein Pferd im Straßenverkehr scheut, so wird es von einem sicheren Reiter mit einem ruhigen Pferd „abgedeckt“: Er reitet dicht neben dem scheuenden Tier auf dessen linker, dem Verkehr zugewandter Seite, verstellt ihm damit die Sicht auf die Strecke und verhindert, dass es unter Umständen in vorbeifahrende Autos springt.
Ein Pferd, das aus irgendeinem Grund heftig wird und sich nicht mit normalen Paraden aufnehmen lässt, kann man auf einem großen, dann immer enger werdenden Bogen zu beruhigen versuchen. Allerdings muss hierfür eine weite, offene Fläche zur Verfügung stehen, auf der zudem das Reiten erlaubt ist.
Da dies nur selten der Fall sein wird, muss im Notfall die „Notbremse“ angewandt werden, damit der Reiter nicht sich, sein Pferd und andere in Gefahr bringt. Der Reiter stützt eine Hand am Pferdehals auf und nimmt mit der anderen durch energisches Annehmen und Nachgeben die Nase des Pferdes hoch; gleichzeitig richtet er den Oberkörper auf und macht die Beine zu. Auf diese Art drückt er den Hebel von Kopf und Hals des Pferdes gegen dessen Rücken und zwingt es dadurch, mit den Hinterbeinen Last aufzunehmen und das Tempo zu vermindern.

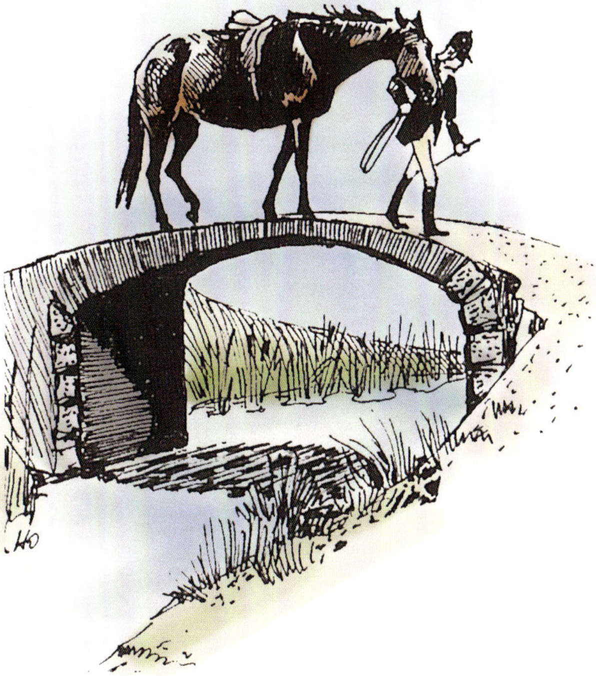

Um beim Überqueren einer schmalen Brücke kein unnötiges Risiko einzugehen, sitzt man ab und führt das Pferd hinüber.

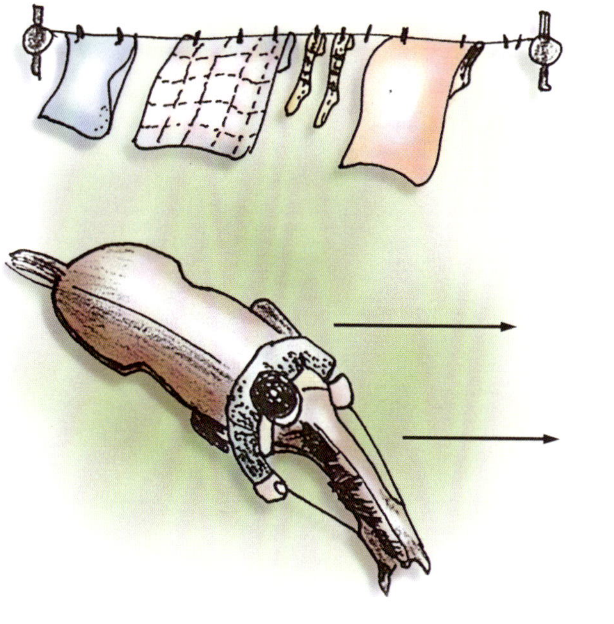

Scheut ein Pferd vor einem Gegenstand, versucht man, es im Schenkelweichen oder Schulterherein daran vorbeizureiten.

Zu derartigen Notsituationen sollte man es jedoch möglichst gar nicht erst kommen lassen. Pferde, die dazu neigen, im Gelände heftig zu werden, sollten vorher in der Halle oder in der offenen Bahn ausreichend geritten oder auch longiert werden. Erst danach reitet man sie, in Begleitung eines ruhigen Artgenossen, im Schritt ins Gelände. Hinter einem gelassenen Führpferd wird sich die Nervosität, später auch im ruhigen Trab und Galopp, allmählich legen. Verlieren Sie nicht die Geduld, und vermeiden Sie vor allem zu langes oder schnelles Galoppieren. Häufige lange Schrittpausen im zwanglosen Bummeltempo sind die beste Nervenberuhigung.
Es ist ein Irrtum, dass allzu gehlustige Pferde sich im Gelände so richtig „austoben" sollen! Ihr Bewegungsbedürfnis wird am besten ohne Reitergewicht auf der Weide gestillt. Unter dem Reiter müssen sie an eine geregelte, kontrollierte Bewegung gewöhnt werden. Es muss hier allerdings mit Nachdruck darauf hingewiesen werden, dass von Natur aus heftige und vom Temperament her schwierige Pferde nur von einem wirklichen Könner ans Gelände gewöhnt werden sollten. Für den „Normalverbraucher" sind sie ungeeignet und bedeuten eine zu große Gefahr für ihn selbst und andere. Nur ein im Temperament ausgeglichenes und rittiges Pferd kann Freude und Sicherheit beim Geländereiten gewährleisten.

VERHALTEN IN DER GRUPPE

Außer der Beherrschung des eigenen Pferdes ist das richtige Verhalten in der Gruppe zu beachten. Es ist dringend davon abzuraten, allein ins Gelände zu reiten. Aus gutem Grund findet ja die praktische Prüfung für den Pferdeführerschein Reiten in einer Gruppe von Reitern statt. Pferde fühlen sich als Herdentiere in der Gruppe mit Artgenossen wohl, so dass das Ausreiten gemeinsam mit anderen dem Pferd am meisten entspricht. In Gesellschaft gehen sie willig und gern vorwärts.
In der Gruppe gilt ein Abstand von zwei bis vier Pferdelängen, auf keinen Fall jedoch darf der Sicherheitsabstand von zwei Pferdelängen unterschritten werden, da sonst Verletzungsgefahr bestünde (etwa durch Aufreiten und Ausschlagen des Vorderpferdes). Das Höchstmaß des erlaubten Abstandes ist der „Sichtkontakt", ohne den die Gruppe auseinander fallen würde.
Im Straßenverkehr gilt eine Reitergruppe ab sechs Reitern als „geschlossener Verband": Die Reiter reiten auf der rechten Straßenseite zu zweit nebeneinander und schließen dicht zum Vorderpaar auf, reiten also ausnahmsweise ohne Abstände, Kopf an Schweif. Die Gruppe darf sich auf keinen Fall auseinanderziehen. Der Verband soll nicht länger als 25 Meter sein, das sind in der Regel zwölf Reiter, also sechs Paare. Ist die Gruppe größer, muss sie sich in zwei Gruppen aufteilen. Der Abstand zwischen den hintereinander reiten-

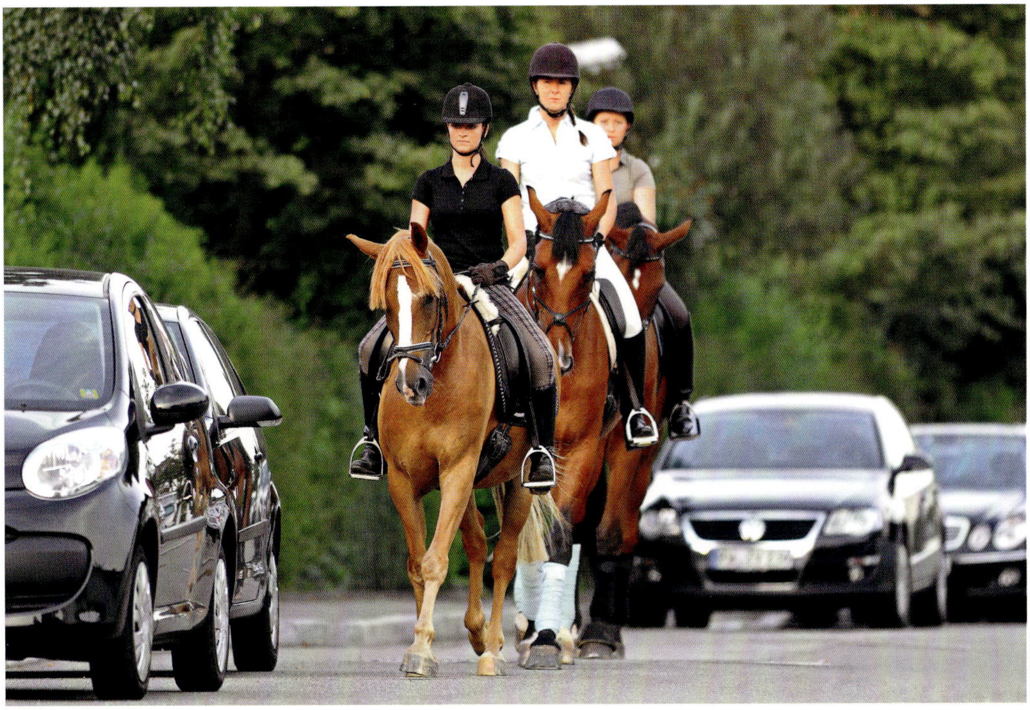

Ein im Straßenverkehr noch unsicheres Pferd wird durch erfahrenere Pferde vorne und hinten eingeschlossen. Auf diese Weise kann es sich an ihnen orientieren und erschrickt nicht so leicht.

den Gruppen beträgt wieder 25 Meter, damit für die vorbeifahrenden Autos ein Überholen möglich ist. Besteht eine Gruppe aus weniger als sechs Reitern, wird ohne Abstände einzeln hintereinander geritten.

Auf übersichtlichen, weiten Geländestrecken kann auch nebeneinander geritten werden; dabei ist ein Mindestzwischenraum von drei Schritten zu wahren.

Beim üblichen Hintereinanderreiten ist darauf zu achten, dass am Anfang wie am Ende der Gruppe ein sicherer Reiter mit einem sicheren Pferd reitet. Schwächere Gruppenmitglieder gehören in die Mitte; heftigere Pferde sollten möglichst weit vorne gehen, jedoch nicht am Anfang der Gruppe.

Ein wichtiges Gebot ist auch die Rücksicht auf Fußgänger und Radfahrer. Auf sie macht der Anfangsreiter durch Handzeichen oder Zuruf rechtzeitig aufmerksam. Falls an ihnen nicht in einem großen Bogen vorbeigeritten werden kann, pariert die Gruppe zum Schritt durch. Erst in angemessener Entfernung darf wieder angetrabt oder angaloppiert werden. Auch andere Hinweise und Informationen werden vom Anfangsreiter durch Zuruf oder Handzeichen nach hinten durchgegeben, zum Beispiel das Wechseln der Gangart oder der Hinweis auf Gefahrenmomente wie Stacheldraht, Löcher usw. Das Zurückbleiben oder der Sturz eines Reiters sind sofort von hinten nach vorne durchzugeben; schon aus diesem Grund ist der Sichtkontakt unbedingt einzuhalten!

ACHTUNG

Die Rücksicht auf Schwächere ist beim Gruppenreiten ebenso wichtig wie die Gruppendisziplin! Als Faustregel gilt: Gangart, Tempo und Schwierigkeitsgrad der Strecke sind dem schwächsten Reiter und dem schwächsten Pferd anzupassen.

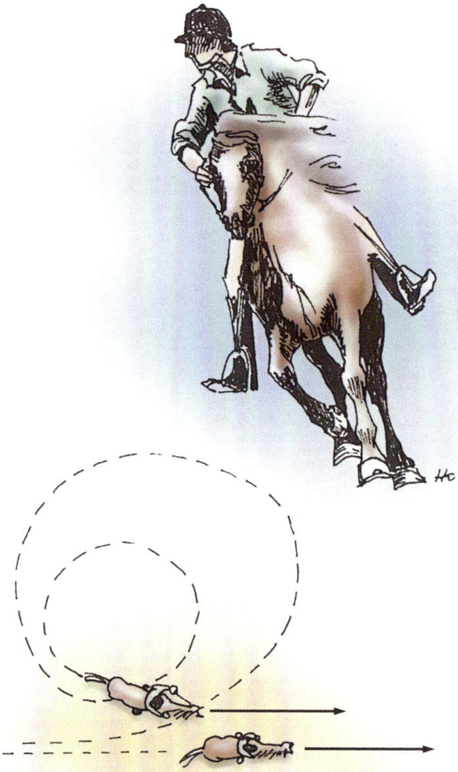

Ein heftig stürmendes Pferd bringt man auf einen großen, dann immer kleiner werdenden Kreisbogen, um es zu beruhigen.

ACHTUNG

Andere Reiter zu kreuzen oder zu schneiden ist unreiterlich und gefährlich!.

Der Schlussreiter hat hierbei eine besonders wichtige Funktion für das Zusammenbleiben der Gruppe und die Sicherheit jedes Einzelnen. Bei einem Sturz hält die Gruppe so prompt wie möglich an, beim Zurückbleiben eines Reiters reduziert sie ihr Tempo in entsprechendem Maß. Es kann auch notwendig werden, dass ein Reiter aus der Gruppe zurückreitet, um einem anderen Hilfe zu leisten. Auch das Mitführen eines Handpferdes sollte beherrscht und vorher geübt werden, falls ein Mitreiter sich verletzt hat und nicht selbst nach Hause reiten kann.

Der Vordermann darf nicht überholt werden. Wenn es doch dazu kommen sollte, dass ein Reiter sein Pferd nicht auf Sicherheitsabstand halten kann – und auch die Möglichkeit, auf großem Bogen abzuwenden, nicht besteht –, dann muss er seinem Vordermann zurufen, dass er ihn überholen wird.

Wo es der Besitzer erlaubt hat, auf Wiesen zu reiten, reitet man nicht hintereinander, sondern auf der ganzen Breite verteilt, um eventuellen Flurschaden zu vermeiden. Es kann dabei auf einer Linie oder gestaffelt geritten werden.

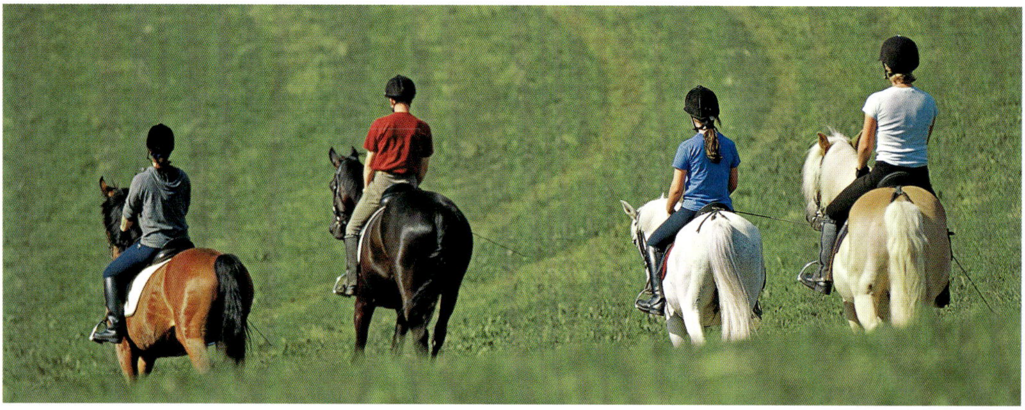

Gestaffelt reitende Gruppe auf einer Wiese

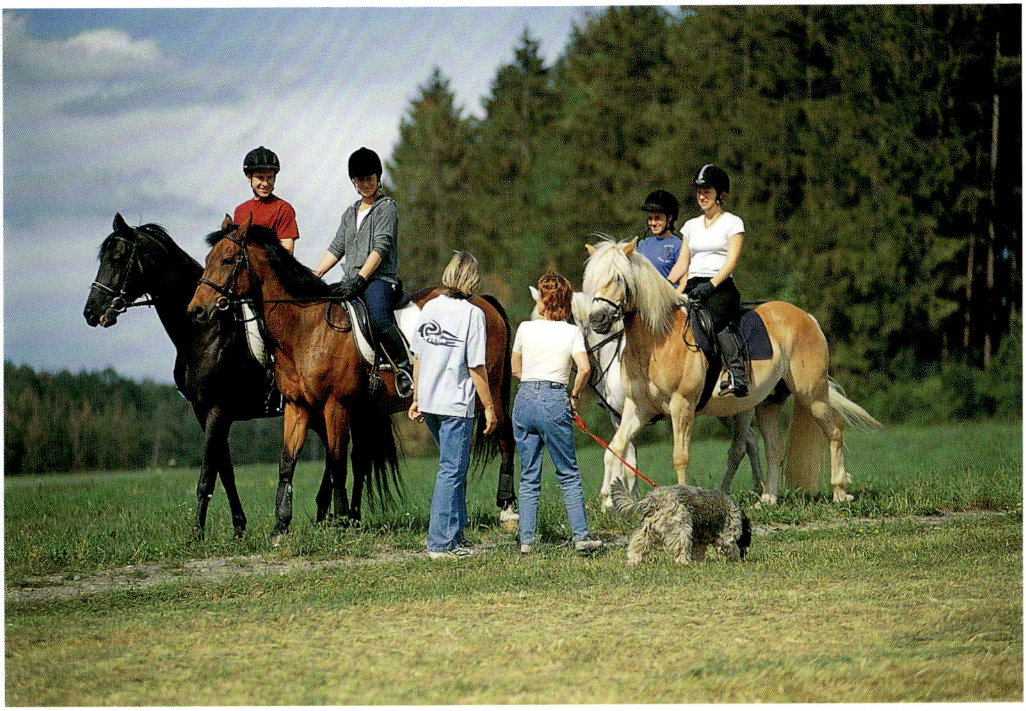

Rücksichtsvolles Passieren von Fußgängern

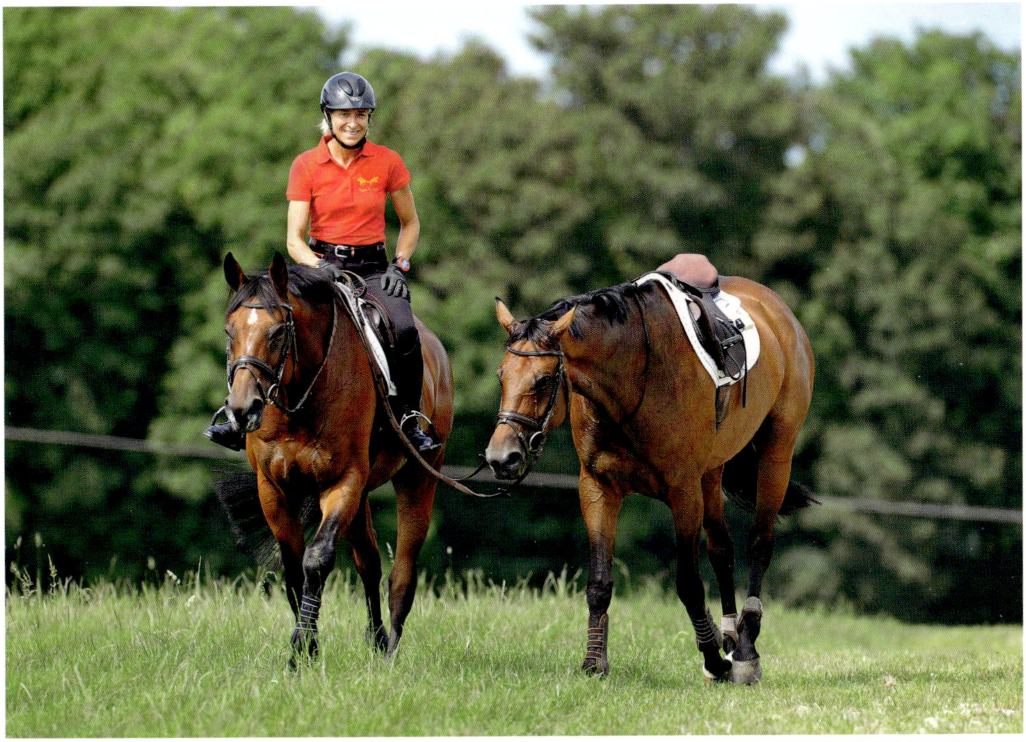

Reiten mit Handpferd

MÖGLICHE AUFGABENSTELLUNGEN

Die Prüfung im Gelände für den Pferdeführerschein Reiten findet in einer Gruppe von Reitern statt. Außer den reiterlichen Fertigkeiten des Einzelnen wird also auch das Verhalten in der Gruppe geprüft. Das Reiten mit der Gruppe muss also zuvor geübt werden!

Reiten im Gelände darf nicht als Spezialausbildung verstanden werden, sondern gehört zur selbstverständlichen Grundschule für Reiter und Pferd. Zum richtigen Verhalten gehört in erster Linie das Einhalten der Abstände von zwei bis vier Pferdelängen, wobei der Sicherheitsabstand von zwei Pferdelängen nicht unterschritten werden darf. Auch Einzelaufgaben können gestellt werden. Jeder Reiter muss zum Beispiel in der Lage sein, mit seinem Pferd von der Gruppe wegzureiten oder die Spitze zu übernehmen. Sollte eine der Übungen nicht bewertet werden können, weil z. B. das Pferd eines Prüflings „klebt", so muss der Prüfer Pferde tauschen lassen. Es darf nicht sein, dass der Kandidat aus einem solchen Grund die Prüfung nicht besteht!
Die auf den folgenden Seiten aufgeführten Aufgabenstellungen geben einen Überblick darüber, was in einer solchen Prüfung verlangt werden kann; natürlich werden nicht alle Aufgaben auch wirklich gestellt. Der Prüfer wird je nach Geländebeschaffenheit und eigenem Ermessen eine Auswahl treffen, die ja auch den zeitlichen Rahmen von ein bis zwei Stunden nicht sprengen darf. Jeder Reiter, der den Pferdeführerschein Reiten erwerben möchte, sollte jedoch darauf vorbereitet sein, alle genannten Anforderungen zu erfüllen, da dies über die Prüfung hinaus für ein sicheres Reiten im Gelände Voraussetzung ist.

VORREITEN DER PFERDE IM SCHRITT

Im Schritt werden die Zügel immer vier bis fünf Zentimeter länger gefasst als im Trab und im Galopp. In der Regel sollte eine Verbindung zwischen Reiterhand und Pferdemaul bestehen, das heißt, das Pferd geht am Zügel, in natürlicher Haltung oder auch am langen Zügel. Gehen die Pferde ruhig und entspannt, so können bei entsprechender Geländestrecke die Zügel hingegeben werden, um den Pferden ein zwangloses Bummeln zu ermöglichen.
Im Straßenverkehr oder in kritischen Situationen (Erschrecken, Scheuen) müssen die Zügel immer aufgenommen werden. Das gilt auch dann, wenn ein Pferd zu eilig wird oder wegzulaufen droht. In diesem Fall fängt der Reiter sein Pferd durch Annehmen und Nachgeben der Hand bei gleichzeitig vortreibenden Hilfen auf.
Bei aufgenommenem und am langen Zügel muss die Hand des Reiters eine gleichmäßige, weiche Verbindung zum Pferdemaul halten und dabei die natürliche Nickbewegung des Pferdes zulassen, ohne im Pferdemaul zu stören. Der Reiter schmiegt sich aus der Hüfte heraus weich in die Bewegung des Pferdes ein, seine Beine bleiben dabei ruhig und gleichsam „mitatmend" am Pferdeleib liegen.

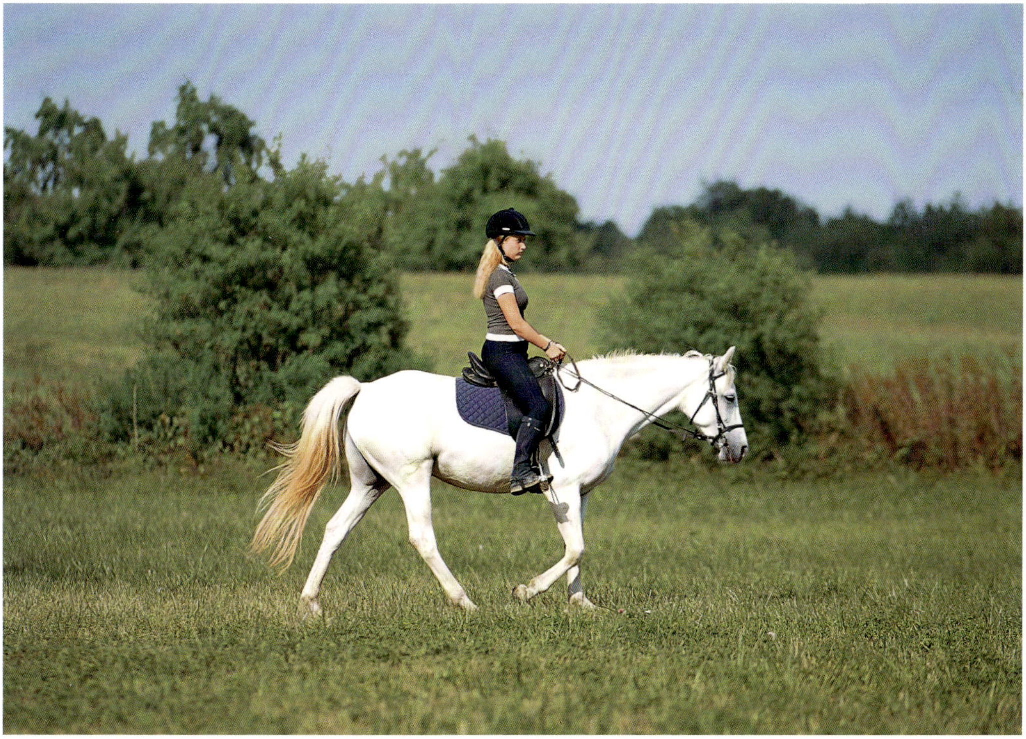

Pferd im Schritt

Faule Pferde, bei denen der Abstand zu groß zu werden droht, werden zu vermehrtem Vortreten der Hinterbeine veranlasst, indem man mit den vortreibenden Hilfen auf das jeweils abfußende Hinterbein einwirkt. Reagiert das Pferd darauf nicht oder nicht genügend, so ist es besser, einmal mit der Gerte leicht nachzuhelfen, als dauernd mit den Unterschenkeln zu klopfen! Unruhige Unterschenkel sind nicht nur unschön, sondern wirken mit der Zeit so abstumpfend auf das Pferd, dass es zuletzt gar nicht mehr auf den treibenden Schenkel reagiert.

ANTRABEN UND LEICHTTRABEN

Zum Antraben werden die Zügel vier bis fünf Zentimeter nachgefasst. Nach dem Antraben trabt der Reiter leicht, das heißt, er steht bei jedem zweiten Takt im Bügel auf. Der Oberkörper wird so gehalten, dass der Schwerpunkt des Reiters mit dem des Pferdes in Einklang ist (auf keinen Fall hinter der Senkrechten, aber auch nicht zu weit nach vorn auf die Vorhand fallend!); die Beine liegen ruhig am Pferdeleib.

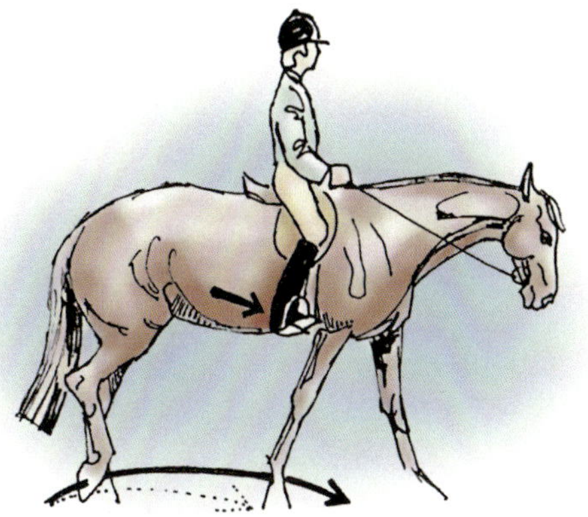

Verstärkt vortreibende Schenkelhilfe auf das jeweils abfußende Hinterbein, um ein vermehrtes Vortreten der Hinterbeine zu veranlassen.

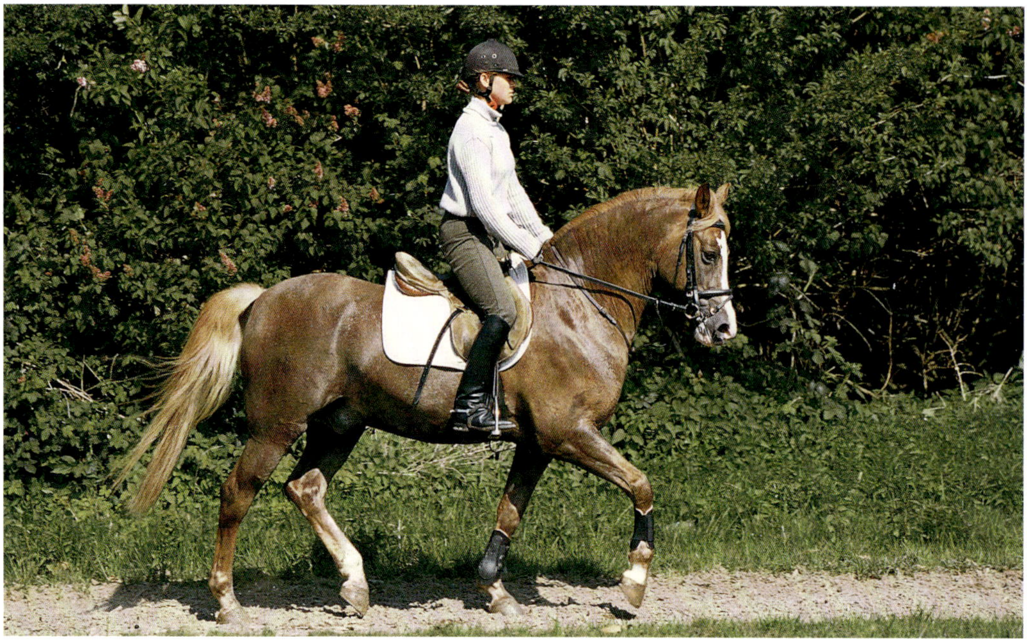

Leichttraben

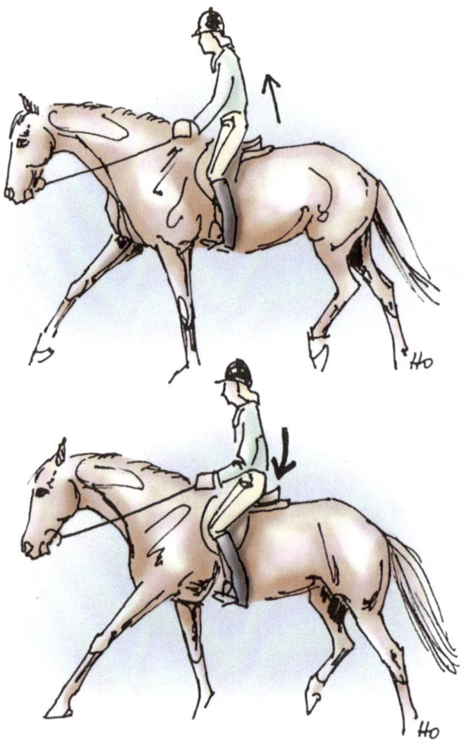

Beim Leichttraben (hier auf dem linken Hinterfuß) steht der Reiter bei jedem zweiten Takt im Bügel auf.

Pferde, die im Tempo zurückbleiben, werden beim Hinsetzen durch verstärkten Druck beider Waden zu vermehrtem Vorwärtsgehen veranlasst. Auch hier ist – wie im Schritt – ein leichtes Nachhelfen mit der Gerte besser als fortwährend klopfende Beine!
Zu eilige Pferde fängt man bei tiefer Hand durch Annehmen und Nachgeben bei gleichzeitigem Schließen der Beine auf; auch die (leise eingesetzte) beruhigende Stimme darf zu Hilfe genommen werden. Das Tempo entspricht einem frischen Arbeitstrab. Es muss sorgfältig darauf geachtet werden, dass das Pferd dabei im Takt bleibt und nicht in einem übereilten „Stechtrab“ wegläuft.

FUSSWECHSELN IM TRAB

Zum Fußwechseln sitzt der Reiter einen Takt lang aus, lässt sich einmal „werfen“. Mit einem Blick auf die Schulter seines Pferdes kann der weniger routinierte Reiter überprüfen, auf welchem Fuß er leichttrabt. Zum Beispiel:

Das rechte Hinterbein fußt gleichzeitig mit dem diagonalen linken Vorderbein ab; der Reiter trabt also dann auf dem rechten Hinterfuß leicht, wenn er beim Vortreten des linken Vorderbeins aufsteht. Aufstehen und Hinsetzen erfolgen gleichzeitig mit dem Vor und Zurück der entsprechenden diagonalen Schulter.

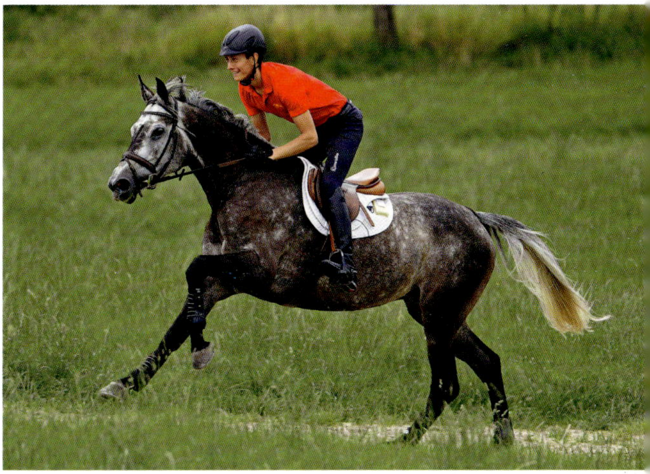

Galopp im leichten Sitz

ANGALOPPIEREN UND GALOPPIEREN

Angaloppiert wird am besten aus dem Trab; der Abstand zum Vorderreiter muss dabei groß genug sein. Im Galopp sitzt der Reiter im leichten Sitz, das heißt, der Oberkörper ist leicht vorgeneigt, das Gesäß bleibt dicht am Sattel (s. Abb. oben). Die Hände sind tief an den Mähnenkamm geschmiegt. Das Tempo entspricht dem frischen Arbeitsgalopp oder dem Mittelgalopp. Es empfiehlt sich, die Bügel etwas stärker nach vorn durchzutreten, damit die Unterschenkel nicht zurückrutschen. Heftige Pferde fängt man durch Annehmen und Nachgeben der Hände auf, wobei gleichzeitig die Beine geschlossen werden und der Oberkörper aufgerichtet wird. Auf einer übersichtlichen Strecke kann über etwa 100 Meter auch einmal das Galoppieren in hohem Tempo (bis zu 500 Meter/Minute) verlangt werden. Dabei geht der Oberkörper des Reiters entsprechend weiter vor, um die Übereinstimmung der Schwerpunkte von Reiter und Pferd zu halten.

ANGALOPPIEREN UND GALOPPWECHSEL

Beim links Angaloppieren wird der rechte Schenkel etwa eine Handbreit zurückgenommen, das Pferd wird nach links gestellt, die linke Hand geht leicht vor, die linke Gesäßhälfte wird etwas mehr belastet und der linke Bügel stärker ausgetreten. Das vorherige

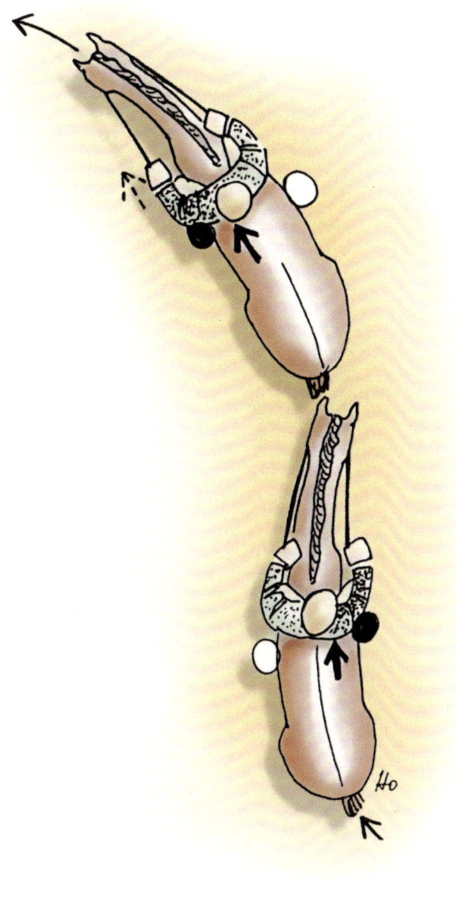

Galoppwechsel aus einem Bogen heraus

Reiten eines Linksbogens erleichtert das Angaloppieren im richtigen Galopp. Beim rechts Angaloppieren wird entsprechend umgekehrt verfahren. Zum Wechseln des Galopps pariert man am besten zum Trab durch. Das erneute Angaloppieren erfolgt wie oben beschrieben. Routinierte Reiter können auch einen fliegenden Galoppwechsel reiten, das heißt ihr Pferd, ohne durchzuparieren, im Galopp umspringen lassen. Auch der fliegende Galoppwechsel gelingt am leichtesten aus dem entsprechenden Bogen heraus.

DURCHPARIEREN VOM GALOPP ZUM TRAB

Es wird auf Abstand durchpariert. Die Hände des Reiters bleiben ruhig und tief, nehmen die Zügel etwas an und geben wieder nach. Gleichzeitig müssen mehrere halbe Paraden gegeben werden, bis das Pferd im Trab geht. Die beruhigende Stimme darf als zusätzliches Hilfsmittel eingesetzt werden. Ein deutliches Ausatmen des Reiters hilft vielen Pferden, die Hilfe besser zu verstehen.

DURCHPARIEREN VOM TRAB ZUM SCHRITT

Für die Parade aus dem Trab zum Schritt gelten grundsätzlich dieselben Einwirkungen wie bei der Parade aus dem Galopp zum Trab.

DURCHPARIEREN ZUM HALTEN

Bei der Parade aus dem Schritt oder Trab zum Halten gelten die oben beschriebenen Einwirkungen, die evt. häufiger wiederholt werden müssen. Das Durchparieren aus dem Trab zum Halten darf über den Schritt erfolgen. Nach der ganzen Parade sollten die Pferde auf Abstand und so ruhig wie möglich stehen.

KEHRTWENDUNG

Die Kehrtwendung ist ein Bogen, der nicht zum Kreis geschlossen wird, sodass die Reiter nachher in umgekehrter Richtung reiten.
Eine Kehrtwendung im Schritt oder im Trab kann als Prüfungsaufgabe von der ganzen Gruppe, aber auch von einem einzelnen Reiter verlangt werden. Sie kann darüber hinaus aus Gründen der Hilfeleistung (z. B. beim Zurückreiten zu einem gestürzten Reiter) notwendig sein.
Auch über Kehrtwendungen werden, wie alle Wendungen, über die diagonale Hilfengebung eingeleitet und geritten. Dabei stellt der Reiter sein Pferd mit dem inneren Zügel in die Bewegungsrichtung, der innere Schenkel treibt am Gurt in Richtung des führenden äußeren Zügels, der durch leichtes Nachgeben die Stellung zulässt. Der äußere Schenkel liegt verwahrend hinter dem Gurt und unterstützt das Wenden. Während des Bogens belastet der Reiter vermehrt seinen inneren Gesäßknochen, beim Herausreiten sitzt er wieder mittig.
Wird einem einzelnen Reiter die Aufgabe gestellt, allein gegen die Richtung der Gruppe eine Kehrtwendung zu reiten, so muss er für gewöhnlich mit besonders energisch vortreibenden Hilfen einwirken, da sich das Pferd – seinem Herdentrieb gehorchend – meist nur ungern von den anderen entfernt oder die Gegenrichtung zu ihnen einschlägt.
Am besten beginnt man das Wegreiten von den anderen Pferden im Schritt und anfangs nur über eine kleinere Strecke, die dann im-

WEGREITEN VON DER GRUPPE

Die Fähigkeit des Reiters, sein Pferd von der Gruppe zu lösen, kann auch dadurch überprüft werden, dass eine Zweiergruppe aufgefordert wird, an einer Kreuzung oder Weggabelung eine andere Richtung als die übrigen Reiter einzuschlagen.

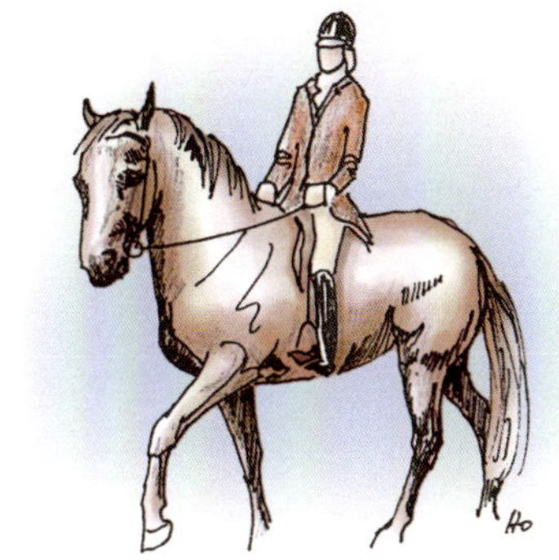

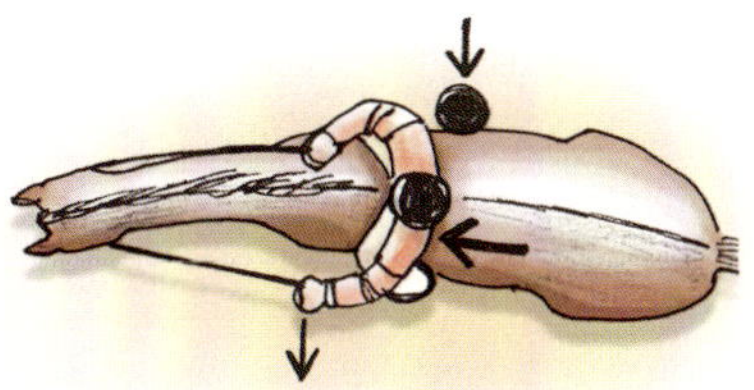

Die Hilfen für die Kehrtwendung: Der verwahrende äußere Schenkel unterstützt das Abwenden; der innere Zügel kann seitwärts weisend eingesetzt werden; das Gewicht des Reiters ist nach innen verlagert.

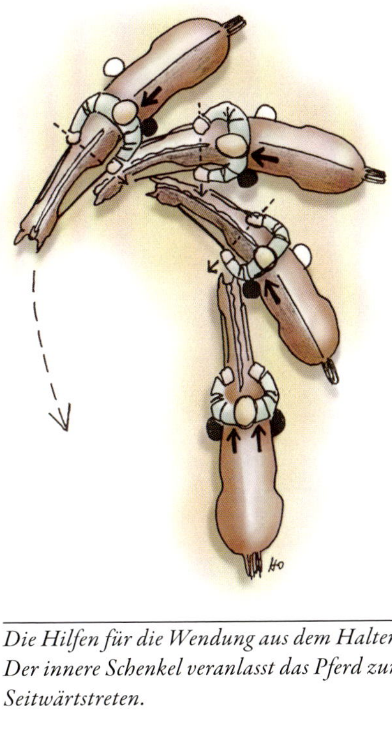

Die Hilfen für die Wendung aus dem Halten: Der innere Schenkel veranlasst das Pferd zum Seitwärtstreten.

mer etwas ausgedehnt wird. Durch ausgiebiges Loben erfährt das Pferd, dass es seine Sache gut gemacht hat.

VOLTEN ODER GROSSE KREISE

Die Volte ist im Gegensatz zur Kehrtwendung ein geschlossener Kreis. Die Einwirkungen des Reiters sind dieselben wie bei der Kehrtwendung. Volten können in allen drei Grundgangarten verlangt werden, wobei der Kreisbogen im Galopp entsprechend groß sein darf. Es ist immer vorteilhafter, den Kreisbogen größer, aber gleichmäßig zu reiten, als das Pferd ohne die nötige Biegung unharmonisch zu wenden.

VORHANDWENDUNG AUS DEM HALTEN

Eine Wendung aus dem Halten ist vor allem dann zweckmäßig, wenn der Weg in einer engen Sackgasse endet (z. B. plötzlich auftauchender Stacheldraht oder undurchdringliches Dornengestrüpp auf einem Weg, der von dichtem Wald oder Hecken eingerahmt ist). Die Hilfen entsprechen den bei der Kehrtwendung beschriebenen; das Pferd wird auf der Stelle oder auf sehr kleinem Kreis gewendet, wobei der innere Schenkel das Seitwärtstreten veranlasst. Nach ausgeführter Wendung ist der vorherige Schlussreiter der neue Anfangsreiter.

WECHSEL DES ANFANGSREITERS

Der Anfangsreiter kann auch auf andere Weise gewechselt werden. So wird zum Beispiel ein beliebiger Reiter aus der Gruppe aufgefordert, den Anfang zu übernehmen. Die Gruppe reitet Schritt, während der Aufgeforderte im Trab an dem oder den anderen vorbeireitet.

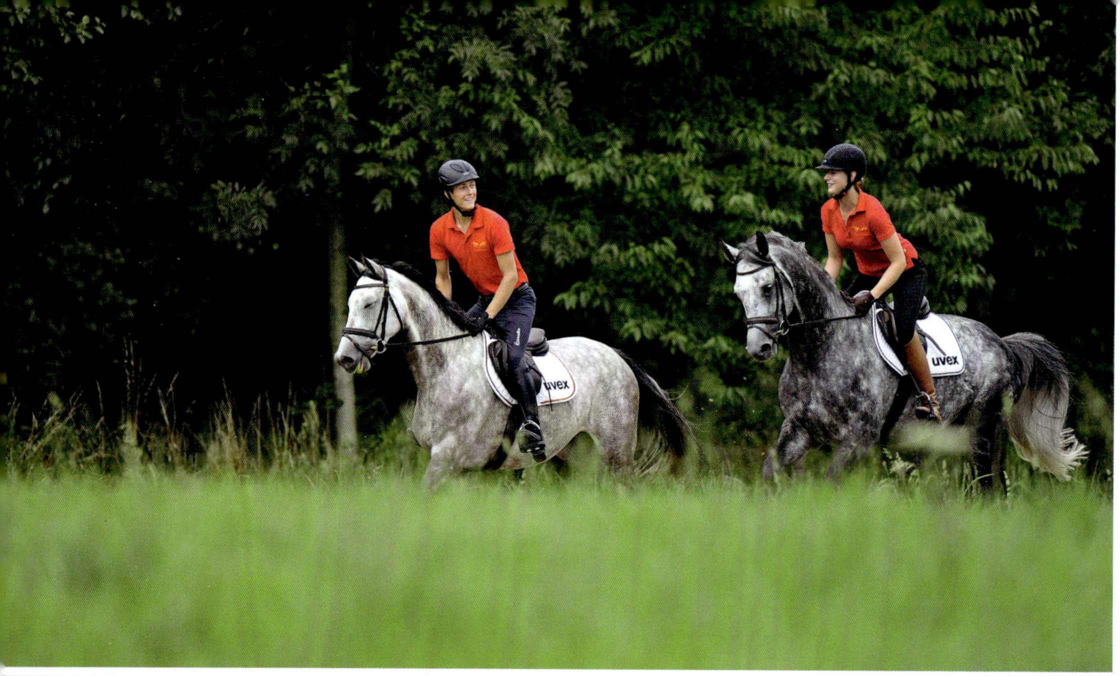

Der Anfangsreiter (Têtenreiter) muss die Übersicht über die gesamte Gruppe haben.

Auch hierbei muss er in der Regel mit vermehrt treibenden Hilfen einwirken. Er pariert erst dann zum Schritt durch, wenn der Abstand zwischen ihm und dem bisherigen Anfangsreiter zwei bis vier Pferdelängen beträgt.

REITEN AM ANFANG EINER GRUPPE

Der Anfangsreiter muss stets die Übersicht über die gesamte Gruppe haben und sich durch Zurückschauen davon überzeugen, dass alles in Ordnung ist. Dazu gehören auch die Abstände, für die er entscheidend mitverantwortlich ist; so muss er bei seinem Tempo das Tempo der anderen berücksichtigen, damit die Abstände weder zu klein noch zu groß werden. Den Wechsel der Gangart oder das Durchparieren zum Halten kündigt er rechtzeitig und deutlich durch vorher vereinbarte Handzeichen oder durch Zuruf an. Bei einer größeren Gruppe geben die anderen die Informationen des Spitzenreiters nach hinten weiter. Das Angaloppieren wird vom Anfangsreiter aus dem Trab eingeleitet, damit die Pferde nicht „überfallen" und heftig werden. Gefährliche Situationen werden ebenfalls so rechtzeitig wie möglich angekündigt. Der Anfangsreiter darf niemals ruckartig durchparieren und ist auch hierbei dafür verantwortlich, dass die Abstände eingehalten werden können.

REITEN ÜBER LIEGENDE BAUMSTÄMME

Über am Boden liegende Baumstämme reitet man im Schritt oder im Trab. Wichtig ist, dass die Hände des Reiters das Pferd nicht stören; sie liegen unterhalb des Mähnenkamms am Pferdehals und geben in Richtung Pferdemaul nach, um dem Pferd die nötige Dehnungshaltung zu ermöglichen. Der Oberkörper wird aus der Hüfte heraus nach vorne geneigt. Die Bügel sollten vermehrt durchgetreten werden.

SPRINGEN KLEINERER HINDERNISSE

Kleinere Hindernisse werden aus dem Trab oder ruhigen Galopp gesprungen. Für Sitz und Einwirkung des Reiters gilt das oben Gesagte, der Oberkörper neigt sich eventuell etwas weiter vor. Ein verstärktes Durchtreten der Bügel nach vorn verhindert, dass die Unterschenkel zurückrutschen (s. Abb. oben). Bleibt ein Pferd vor dem Hindernis stehen, so hat der Reiter den Sprung unverzüglich freizumachen, damit er die anderen nicht behindert. Er reitet dann mit energisch vortreibenden Hilfen und ausreichendem Anlauf das Hindernis von Neuem an, wobei er sich nach Möglichkeit einem anderen, sicher springenden Pferd anschließt.

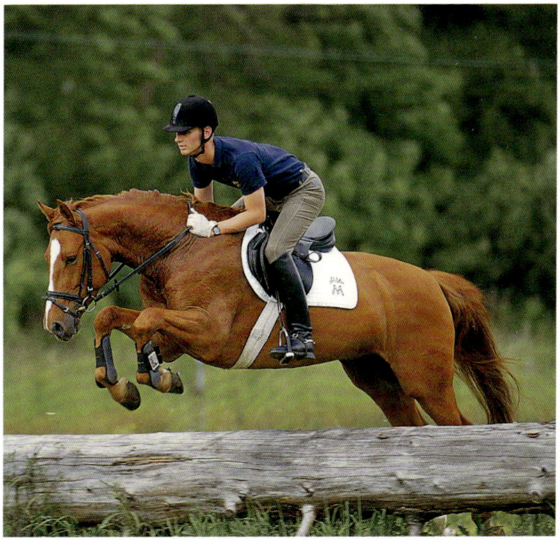

Sitz über dem Sprung

BERGAUFKLETTERN

Hänge reitet man immer senkrecht hinauf, damit die Pferde nicht seitlich abrutschen! Der Reiter neigt seinen Oberkörper entsprechend der Steilheit des Hangs nach vorne, um Hinterhand und Rücken des Pferdes zu entlasten und nicht hinter die Bewegung zu geraten. Der Knieschluss muss fest sein, die Bügel werden nach vorn durchgetreten, die Hände gehen in Richtung Pferdemaul vor, um dem Pferd völlige Halsfreiheit zu geben.
Bei sehr steilen Hängen ist es zweckmäßig, mit beiden Händen den Pferdehals zu umfassen. Der Reiter muss seinen Oberkörper so weit nach vorne nehmen, dass sein Schwerpunkt nicht hinter den des Pferdes gerät. Auch beim Bergauf- und Bergabreiten muss der Reiter darauf achten, dass er das Tempo unter Kontrolle behält. Ein ungewollter wilder Satz aufwärts oder abwärts ist ein Zeichen von Ungehorsam und kann gefährlich sein.

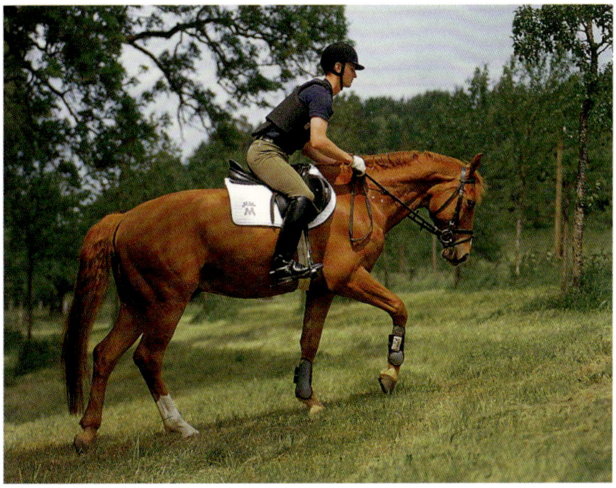

Bergaufreiten

BERGABKLETTERN

Auch bergab reitet man immer senkrecht zum Hang. Der Reiter hält seinen Oberkörper senkrecht oder leicht vorgeneigt (nicht zurückgelehnt!). Die Unterschenkel dürfen nicht nach vorn rutschen, da die Hinterbeine sonst seitlich ausweichen könnten. Der Reiter stützt sich mit beiden Händen am Halsansatz des Pferdes ab.

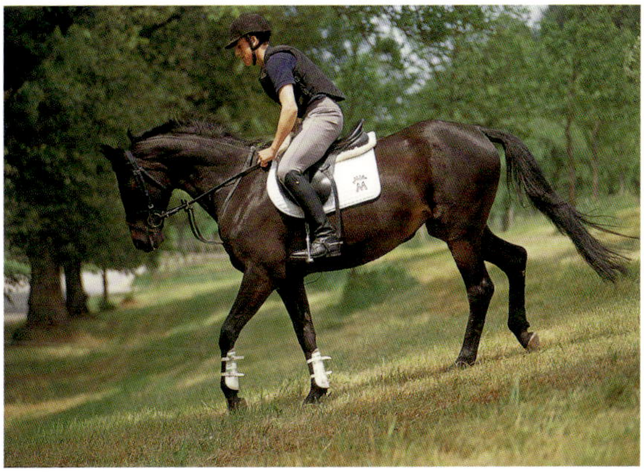

Bergabklettern

REITEN AUF EINER AUTOSTRASSE

Auf Verkehrsstraßen wird grundsätzlich im Schritt geritten; die Zügel sind dabei aufgenommen. Bei bis zu einschließlich fünf Reitern reiten alle Reiter einzeln dicht hintereinander auf der rechten Seite der Straße – also ohne Sicherheitsabstände (Kopf an Schweif). Ab sechs Reitern gilt die Gruppe als „geschlossener Verband", d.h. jeweils zwei Reiter reiten, ebenfalls ohne Abstände dicht aufgeschlossen, paarweise hintereinander. Die Gruppe darf sich auf keinen Fall auseinanderziehen! Ein Verband soll nicht länger als 25 Meter sein, das sind in der Regel ca. sechs Paare (10 bis 12 Pferde).

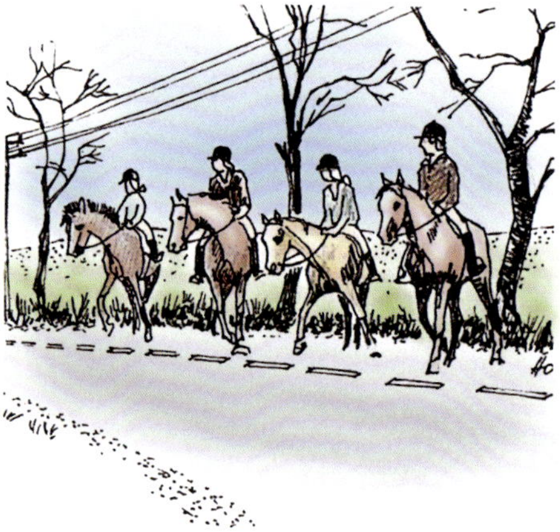

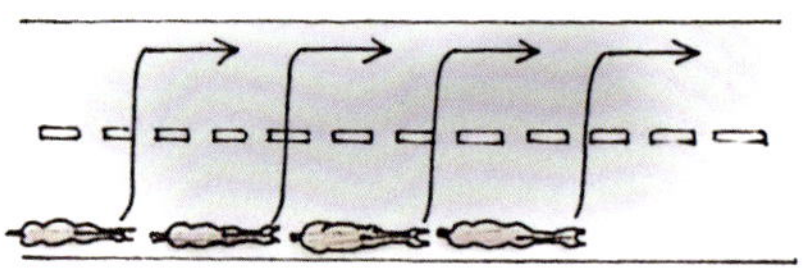

Gleichzeitiges Überqueren einer Straße von bis zu fünf Reitern

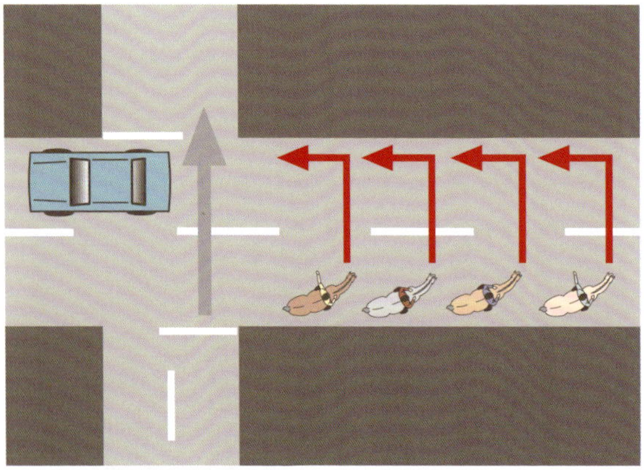

Gleichzeitiges Überqueren einer Verkehrsstraße mit Kreuzung durch vier Reiter

ÜBERQUEREN EINER AUTOSTRASSE

Ist die Straße übersichtlich und auf längere Sicht frei, so machen alle Reiter auf ein vereinbartes Zeichen des Anfangsreiters hin gleichzeitig linksum, reiten auf gleicher Höhe im rechten Winkel auf die andere Straßenseite und reiten danach wieder hintereinander. Auf diese Weise wird eine Straße am schnellsten überquert; Voraussetzung dafür sind allerdings sichere Reiter, denen das nebeneinander Abwenden diszipliniert und risikolos gelingt. Nachdem sich der Anfangsreiter davon überzeugt hat, dass die Straße übersichtlich und auf längere Sicht frei ist, gibt er durch ein vereinbartes Zeichen das Signal zum Abwenden nach links. Alle Reiter reiten auf gleicher Höhe im rechten Winkel auf die andere Straßenseite und dort wieder in Fahrtrichtung dicht hintereinander.

Es ist streng darauf zu achten, dass keine Lücke entstehen kann, durch die eventuell auftauchende Autos hindurchfahren können. Die dadurch von der Gruppe getrennten Pferde werden unruhig und können gefährliche Situationen heraufbeschwören!
Autofahrern, die rücksichtsvoll anhalten, wenn eine Reitergruppe die Straße überquert, sollte man durch ein Handzeichen freundlich danken. Wenn in erreichbarer Nähe keine Straße vorhanden ist, kann das richtige Überqueren in der Prüfung auch simuliert werden.

ZÄUMEN, SATTELN UND BANDAGIEREN

Die Kenntnis der Teile von Trense und Sattel wird hier abgefragt. Auch das individuelle Anpassen der Ausrüstung an das Pferd ist hier Prüfungsinhalt. Es empfiehlt sich, unterschiedliche Zäumungen und Sättel zu kennen und benennen zu können.

ZUSAMMENSETZEN EINER TRENSE

In diesem Prüfungsteil kann vom Prüfling verlangt werden, dass er eine auseinander geschnallte Trense wieder zusammensetzt, das heißt er muss die einzelnen Teile für das jeweilige Pferd passend machen und imstande sein, diejenigen Teile zu zeigen und zu benennen, die dem Pferd individuell angepasst sein müssen

Zum Abmessen kann eine Schnur verwendet werden, in die jeweils an der entsprechenden Stelle ein Knoten gemacht wird, zum Beispiel von Maulwinkel zu Maulwinkel über das Genick oder von Maulwinkel zu Maulwinkel über den Nasenrücken; auf dieselbe Art kann auch das genaue Maß für die notwendige Gebissbreite und für den Stirnriemen genommen werden. Alle übrigen Teile lassen sich verschnallen, man kann sie also am aufgezäumten Pferd passend machen.

1 Genickstück mit Kehlriemenschnalle und -strupfe;
2 Backenstücke mit Schnallen;
3 Stirnriemen;
4 Trensengebiss;
5 Gurtzügel mit Stegen;
6 Zügelschnallen;
7 Martingalschieber

TRENSEN

Das Trensen erfolgt immer dann vor dem Satteln, wenn das Pferd nicht angebunden ist. So wird zum Beispiel das ohne Halfter in der Box stehende oder das auf der Weide frei laufende Pferd zuerst getrenst, um zu verhindern, dass es wegläuft. Das angebundene Pferd wird dagegen zuerst gesattelt.

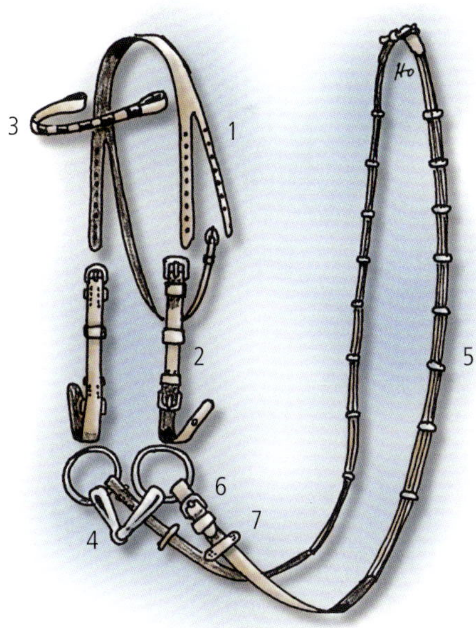

Einzelteile eines Trensenzaums mit Backenschnallen:

Beim Trensen steht der Reiter an der linken Seite des Pferdes. Da manche Pferde nicht stehen bleiben, kann zur Sicherheit das Halfter wie ein Halsriemen umgelegt werden. Nun nimmt man Kopfstück, Zügelschnalle und Nasenriemen in die rechte Hand. Diese wird von rechts über die Nase des Pferdes gelegt, während die linke Hand das Trensengebiss ins Maul schiebt. Will das Pferd das Maul nicht aufmachen, steckt man den Daumen in die zahnlose Maulspalte. Das Pferd öffnet dadurch das Maul und das Gebiss kann platziert werden. Das Genickstück wird über die Ohren geschoben, der Nasenriemen heruntergelassen, die Zügel werden zurückgestreift, die Schopfhaare über das Stirnband gelegt und Kinn- und Kehlriemen verschnallt. Wie die aufgelegte Trense richtig sitzt, ist aus der Abb. rechts unten ersichtlich.

SATTELN

Bevor der Reiter mit dem Sattel an das Pferd herantritt, spricht er es mit beruhigender Stimme an. Der Sattel wird möglichst weit vorne sacht aufgelegt und nach hinten in die Sattellage geschoben, sodass das Fell glatt liegt. Die Sattelunterlage wird nach oben in die Sattelkammer geschoben, damit sie, ebenso wie der Sattel, nicht auf den Widerrist drückt.

Der Sattelgurt soll langsam herabgelassen werden; auf keinen Fall darf die Schnalle dabei ans Bein schlagen. Zwischen der vorderen Kante des Sattelgurts und dem Ellbogenhöcker muss eine Handbreit Platz sein. Der Reiter überprüft noch einmal, ob Sattelunterlage und Sattelgurt auf beiden Seiten des Pferdes glatt liegen. Dann wird der Gurt auf der lin-

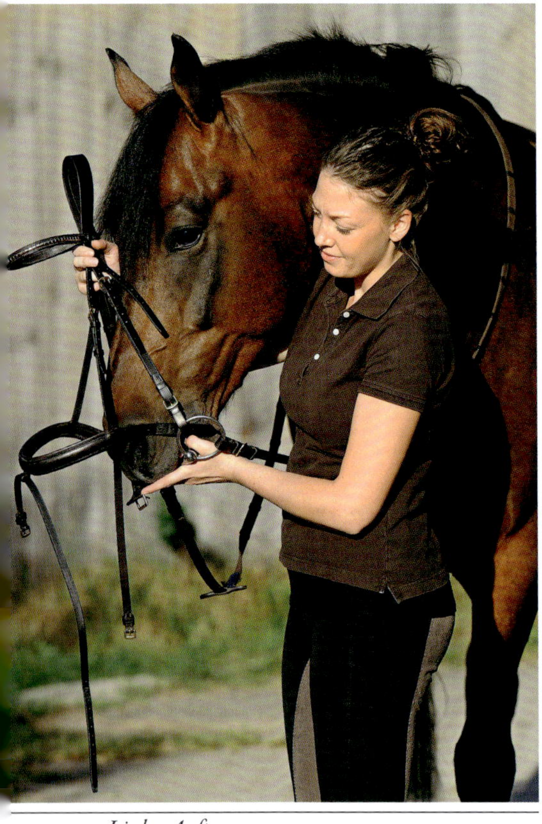

Links: Auftrensen

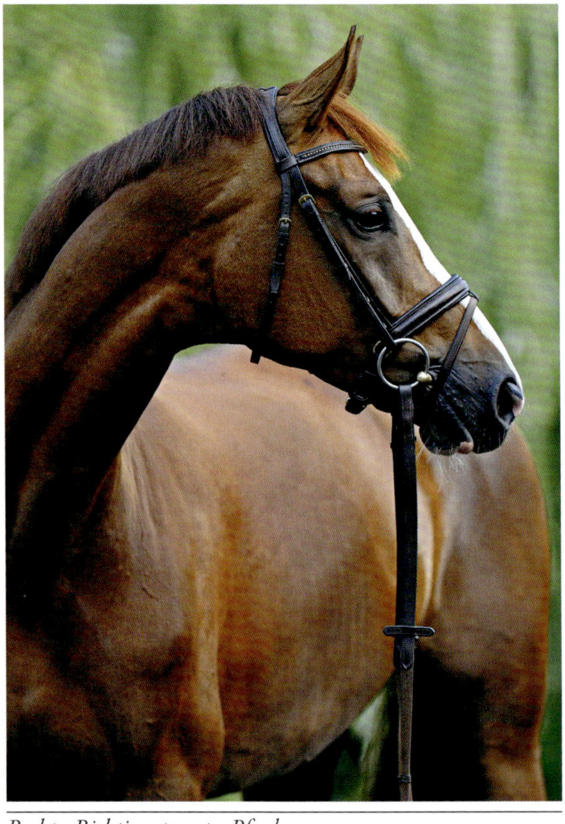

Rechts: Richtig getrenstes Pferd

ken Seite angezogen, und zwar anfangs nur locker, damit sich das Pferd nicht verkrampft (s. Abb. oben).
Beim Zäumen, Satteln und Bandagieren ist darauf zu achten, dass das Pferd still steht und dabei nicht durch eine unruhige Umgebung irritiert wird. Zudem dürfen keine gefährlichen Gegenstände (Flaschen, Geräte, Fahrräder usw.) in seiner Nähe sein.

GAMASCHEN UND BANDAGEN

Dem Schutz der empfindlichen Pferdebeine dienen Bandagen (mit Klettverschlüssen oder Elastik-Sicherheitsverschlüssen), Leder- bzw. Kunststoffgamaschen, Sehnenschoner, Transportgamaschen, Sprungglocken und Streichkappen. Gamaschen werden mit Schnallen oder Klettverschlüssen befestigt, die Verschlüsse müssen außen sitzen und nach hinten zeigen. Transportgamaschen sind im Gegensatz zu den Gamaschen, die man beim Reiten verwendet, stark gepolstert und wesentlich größer.
Bandagen sind aus elastischem Baumwoll- oder Kunstfasergewebe, etwa zwei bis drei Meter lang, 10 bis 15 Zentimeter breit und am Ende mit einem Klettverschluss versehen. Wichtig ist, dass weder Druckstellen entstehen noch die Blutzirkulation beeinträchtigt wird! Im Verletzungsfall sowie nach Anstrengungen und zur Verhinderung von Gallen ist die sachgemäß angelegte Stallbandage aus Wolle (mit einer Unterlage versehen) unersetzlich.
Zum Ausreiten allerdings werden heute hauptsächlich leicht anzulegende Gamaschen benutzt, die sich nicht lösen können.

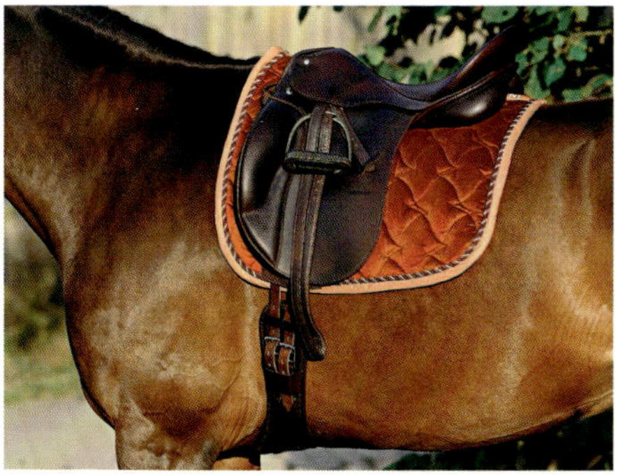

Korrekt gesatteltes Pferd. Der Sattel darf nicht auf den Widerrist drücken.

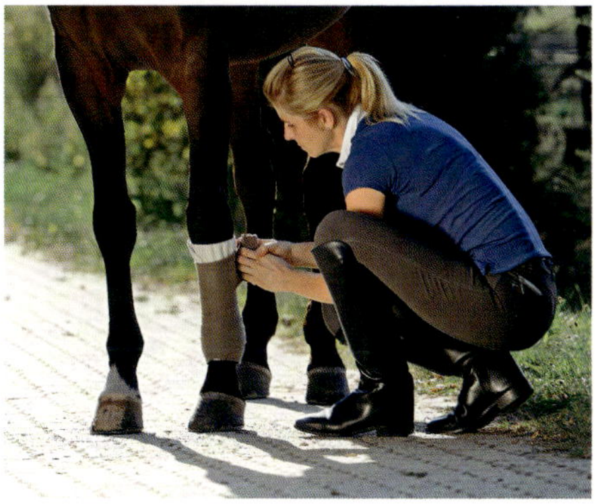

Bandagieren

TIPPS ZUM RICHTIGEN BANDAGIEREN

- Vor dem Gebrauch wird die Bandage so aufgewickelt, dass das Band-Ende innen liegt. Deshalb wird beim Zusammenrollen an dem Bandagenende begonnen, an dem die Verschlüsse befestigt sind.
- Die Bandagen sollten fest und gerade aufgerollt werden, lose oder schief aufgewickelte Bandagen lassen sich kaum fachgerecht am Pferdebein wieder abrollen.
- Das Pferd sollte mit dem zu bandagierenden Bein fest stehen bleiben. Man beginnt mit dem Bandagieren unterhalb des Vorderfußwurzelgelenkes und wickelt die Bandage dann von oben nach unten, in schräg gelegten Bahnen, bis über den Fesselkopf. Die Fesselbeuge wird dabei freigelassen. Danach führt man die Bandage wieder in schrägen Wickelungen aufwärts, bis auf die halbe Höhe des Röhrbeins.
- Die Bandagen müssen beim Wickeln glatt und gleichmäßig, ohne Falten, jedoch auch nicht zu fest am Pferdebein anliegen, damit keine Druck- oder Scheuerstellen entstehen.
- Die Bandagen werden anschließend mit einem Klettverschluss befestigt.

STATIONSPRÜFUNGEN
— *Inhalte und Aufgaben*

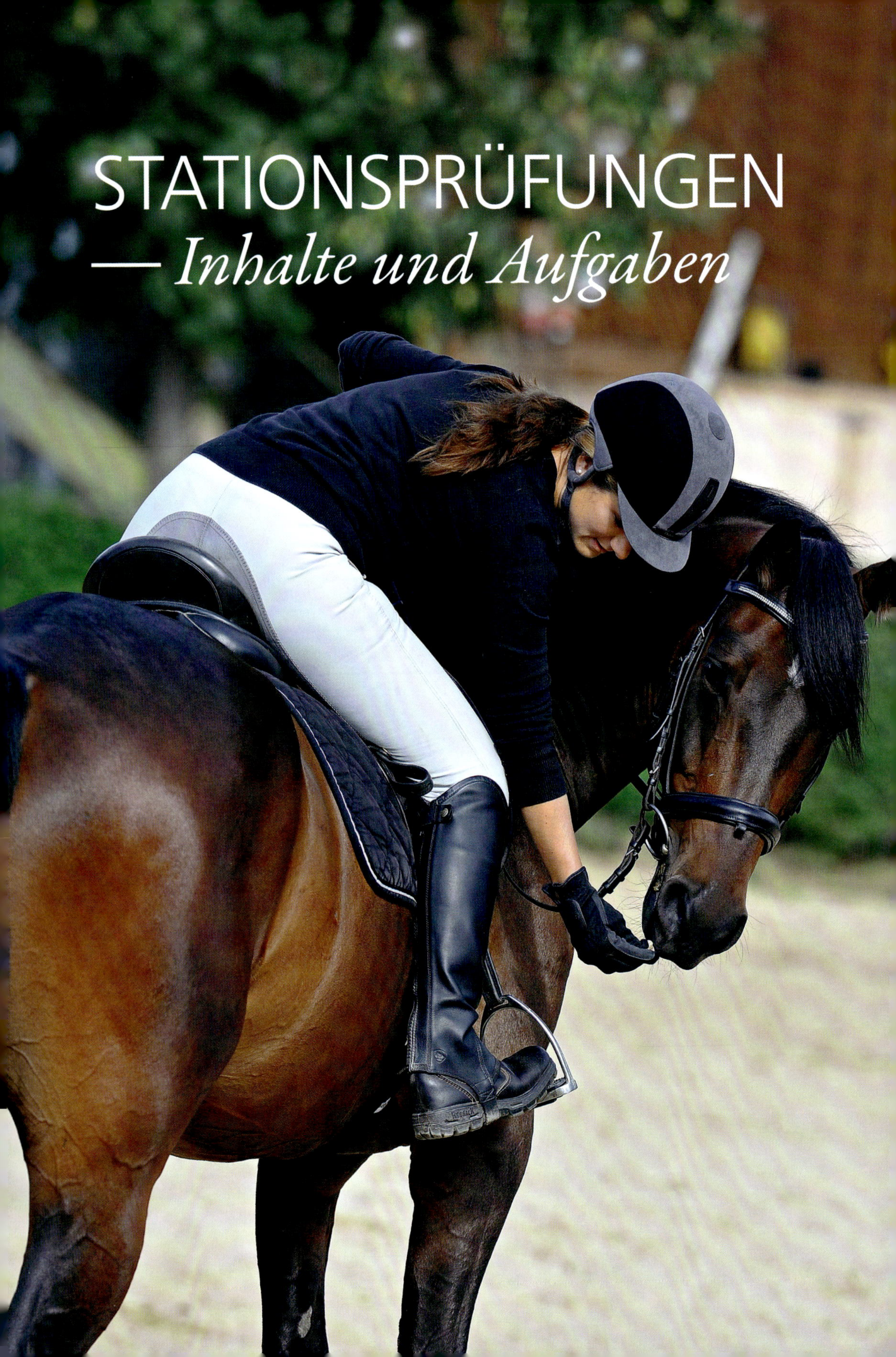

GRUNDKENNTNISSE DER REITLEHRE

Die Gangarten des Pferdes, der Reitersitz und die Reiterhilfen sind die Themenbereiche, in denen jeder Pferdeführerschein Reiten-Prüfling abgefragt wird. Da es sich um Grundkenntnisse handelt, wird kein Spezialwissen erwartet, sondern ein Basis-Verständnis dessen, was wir unter Reitlehre verstehen.

Da der Pferdeführerschein Reiten Reitern aller Reitweisen offen steht, wird die Kenntnis über die der FN angeschlossenen Verbände vorausgesetzt.

Das Westernreiten ist beispielsweise eine Gebrauchsreitweise, die ursprünglich aus Amerika stammt. Typische Westernpferderassen sind dabei das Quarter Horse, das Appaloosa und das Paint Horse. Infomationen sind bei der EWU e. V. erhältlich.

Islandpferdereiter sind im IPZV organisiert, dem Island Pferde-, Reiter- und Züchterverband. Die zwei zusätzlichen Gangarten der Islandpferde, Tölt und Pass, sowie die Leistungsbereitschaft, Zuverlässigkeit und der freundliche Charakter der Ponys haben sie inzwischen auch weit außerhalb Islands populär werden lassen. Der IPZV organisiert Turniere mit unterschiedlichen Schwerpunkten und Leistungsklassen.

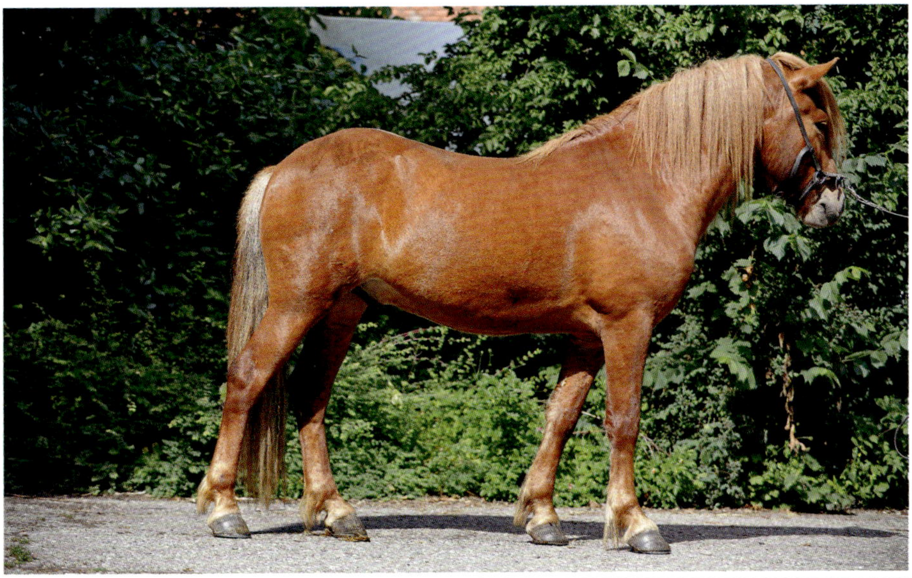

Das Islandpferd: Stockmaß zwischen 1,30m und 1,45m, jedoch durch sein starkes Fundament auch für Erwachsene geeignet!

☞ WISSENS-CHECK GANGARTEN

? Was sind die Grundgangarten des Pferdes?

✓ Schritt, Trab und Galopp.

? Wie wird der Schritt beschrieben?

✓ Er ist eine schreitende Gangart im Viertakt mit diagonal nacheinander getretener Fußfolge.

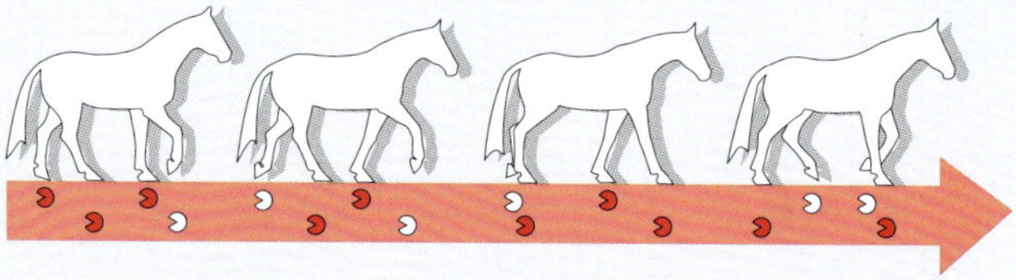

? Wie beschreibt man den Trab?

✓ Er ist eine schwunghafte Gangart im Zweitakt. Das diagonale Beinpaar tritt jeweils gleichzeitig vor, bei Wechsel der Beinpaare kommt es zur freien Schwebe.

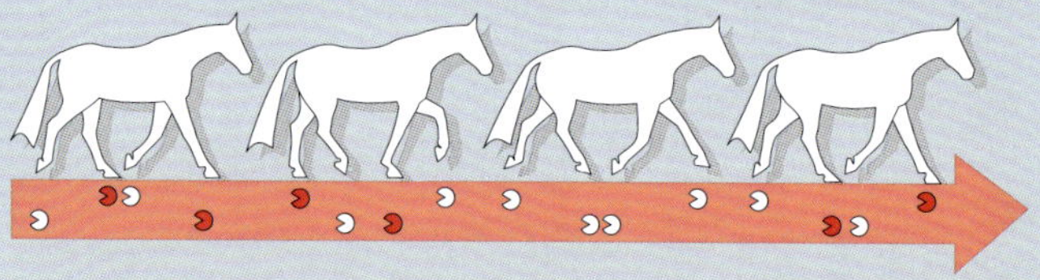

? Wie lässt sich der Galopp beschreiben?

✓ Er ist eine springende, schwunghafte Gangart im Dreitakt. Man unterscheidet Linksgalopp und Rechtsgalopp. Beim ersten springt das linke, beim zweiten das rechte Beinpaar weiter vor.

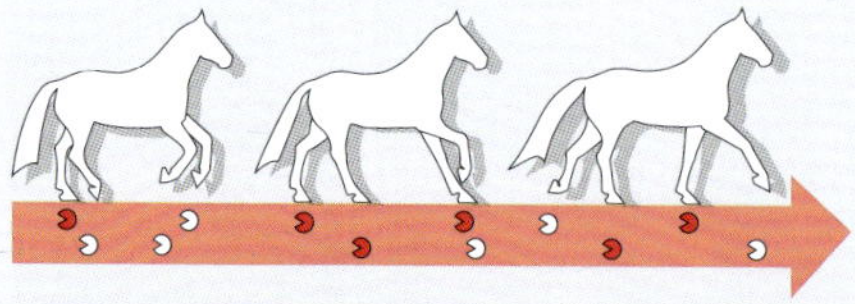

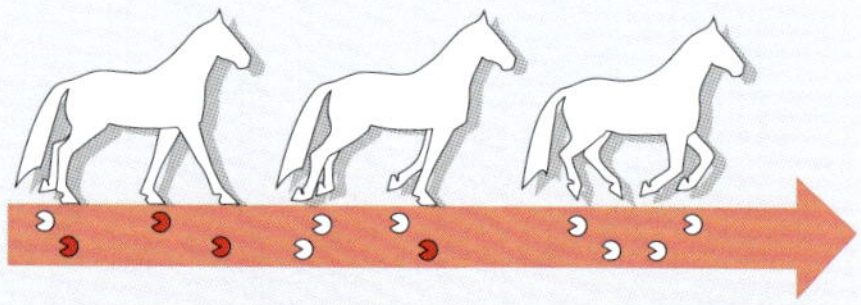

? Welche weiteren Gangarten gibt es?

✓ Den Pass und den Tölt.

? **Was ist Pass?**

✓ Der Pass ist eine Bewegung im Zweitakt, wobei die gleichseitigen Beinpaare gleichzeitig ab- und auffußen. Während er beim Sportpferd als fehlerhafter Schritt gilt, ist er zum Beispiel beim Isländer eine natürliche und erwünschte Gangart. Seine Vorzüge werden darin gesehen, dass er sehr schnell und bequemer als der Trab ist.

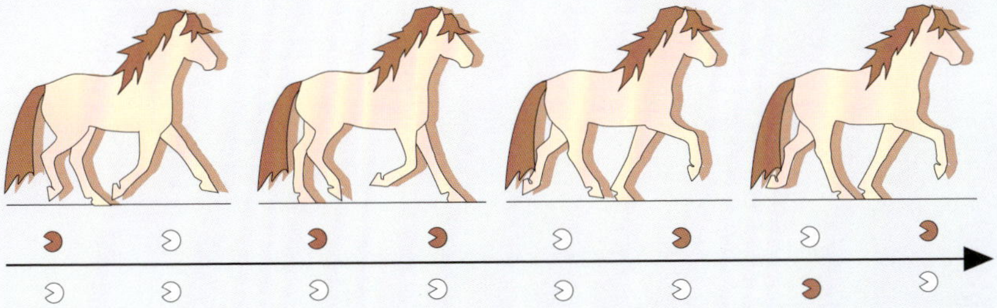

? **Was ist unter Tölt zu verstehen?**

✓ Auch der Tölt gehört nicht zu den sogenannten „klassischen" Grundgangarten! Er ist eine Bewegung im Viertakt, wobei sich das Pferd jedoch nicht wie im Schritt ruhig schreitend, sondern schnell laufend fortbewegt. Der Tölt ist ursprünglich eine Gebrauchsgangart der Pferde in den Geröllandschaften Islands und für diese Geländeform sehr zweckmäßig. Auch der Tölt hat den Vorteil, dass er den Reiter bequem und angenehm sitzen lässt.

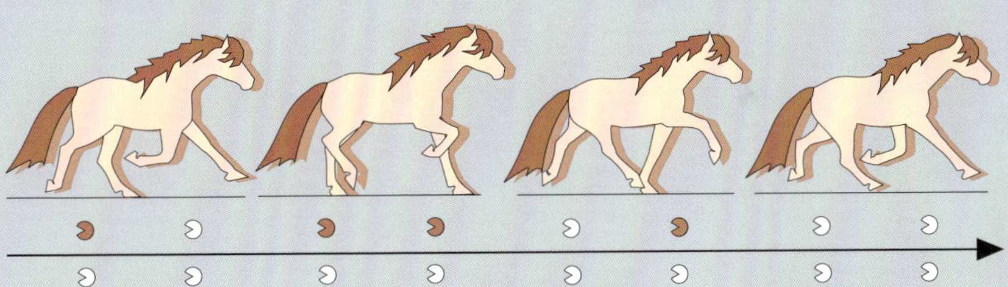

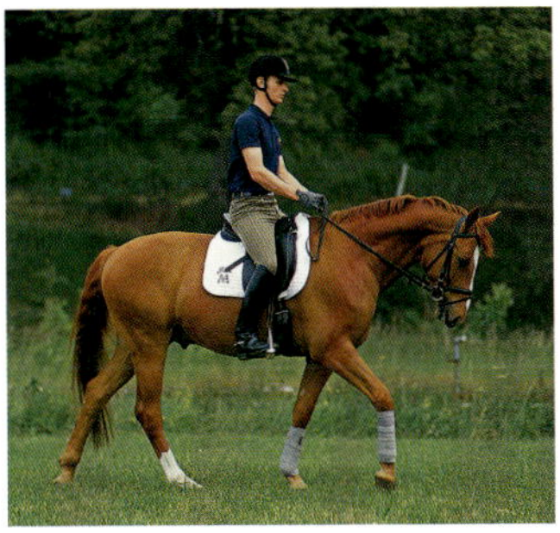

Schritt

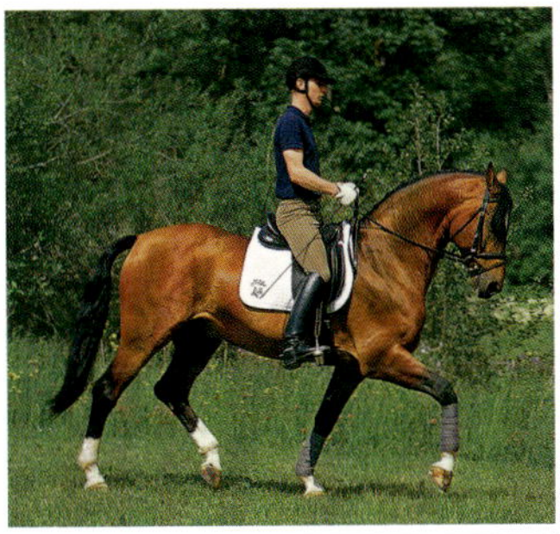

Trab

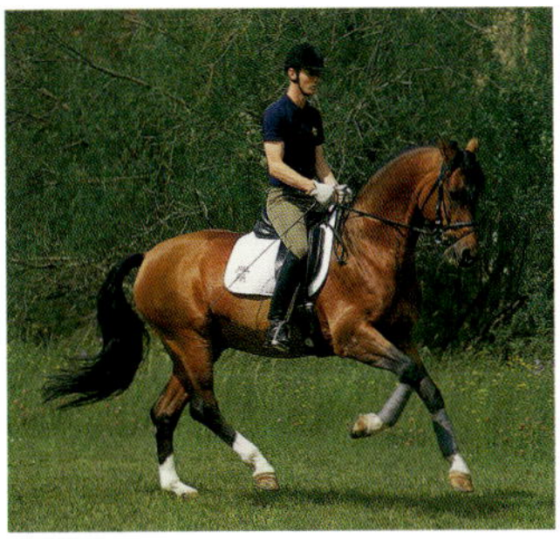

Galopp

WISSENS-CHECK SITZ

? Was sind die wichtigsten Grundregeln für den Sitz des Reiters?	✓ Der Reiter muss geschmeidig, entspannt und ausbalanciert sitzen. Sein Schwerpunkt muss mit dem des Pferdes übereinstimmen. Nur wer richtig sitzt, kann auch richtig einwirken!
? Wie soll der Oberkörper gehalten werden?	✓ Beim Grundsitz ist er aufgerichtet, das heißt senkrecht, und möglichst ruhig. Die Bewegung des Pferderückens wird durch die mitschwingende Mittelpositur des Reiters aufgefangen.
? Was bezeichnet man als leichten Sitz?	✓ Im Galopp geht der Oberkörper des Reiters so weit vor, dass die Übereinstimmung der Schwerpunkte von Reiter und Pferd bei höherem Tempo erhalten bleibt und der Rücken des Pferdes entlastet wird. Das Gewicht des Reiters verteilt sich dabei vermehrt auf der Oberschenkel- und Kniepartie und im Steigbügel. Das Gesäß bleibt nicht im, aber dicht am Sattel. Der leichte Sitz wird im Gelände und beim Springen eingenommen (s. Abb. S. 41 rechts).
? Was ist Leichttraben und welchen Zwecken dient es?	✓ Im Gegensatz zum Aussitzen, wobei das Gesäß im Sattel bleibt, steht der Reiter beim Leichttraben bei jedem zweiten Takt im Bügel auf. Er entlastet hierbei den Pferderücken und verschafft auch sich selbst, vor allem auf längeren Strecken im Gelände, Erleichterung. Es wird leichtgetrabt: im Gelände, zu Beginn des Reitens in der Bahn beim Lösen und auf jungen Pferden. Auch im Gelände muss darauf geachtet werden, dass man regelmäßig den Fuß wechselt!
? Wie ist beim Grundsitz das Gewicht des Reiters verteilt?	✓ Es sollte gleichmäßig auf beiden Gesäßknochen und dem Spalt liegen.
? Welche Gelenke des Reiters müssen geschmeidig funktionieren?	✓ Schulter, Ellenbogen, Handgelenk, Hüftgelenk, Knie- und Fußgelenk.

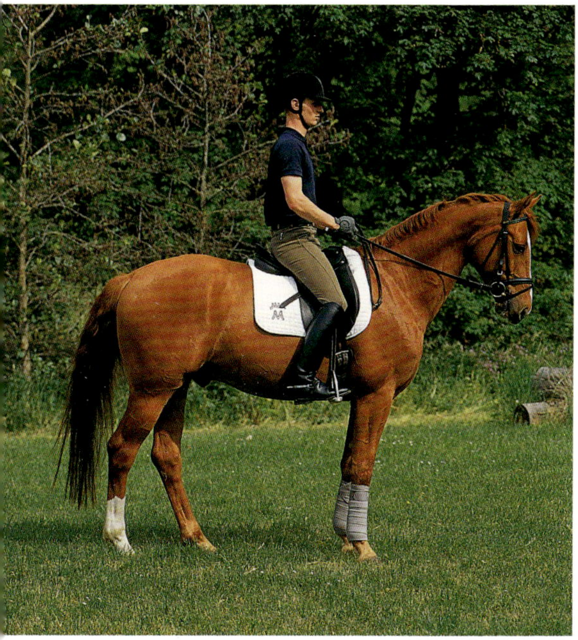

Grundsitz

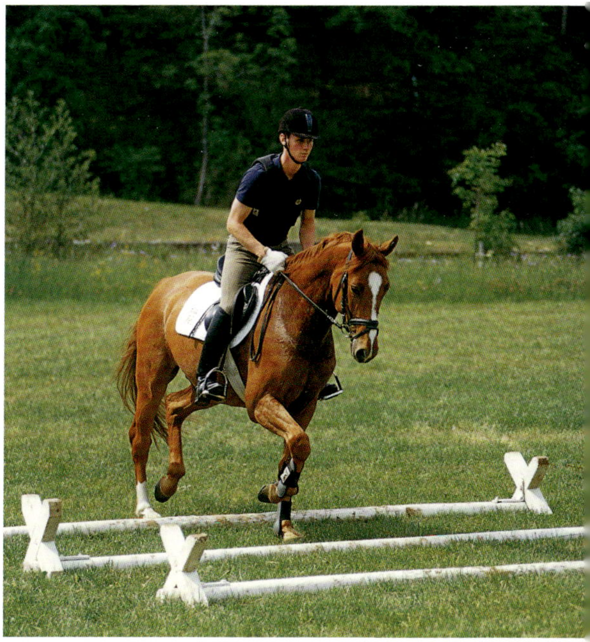

Leichter Sitz

? Wie werden Arme und Hände gehalten?

✓ Die Oberarme fallen im Grundsitz senkrecht herunter, die Ellenbogen liegen locker an der Hüfte; Unterarm, Handrücken und Zügel bilden eine gerade Linie zum Pferdemaul. Beim leichten Sitz sind die Fäuste unterhalb des Mähnenkamms weich am Hals angeschmiegt. Besonders wichtig sind ruhige, niemals starre oder ruckende Hände; sie müssen eine gleichmäßige, feine Verbindung zum Pferdemaul (Anlehnung) halten.

? Worauf ist bei der Bein- und Fußhaltung zu achten?

✓ Die Wade liegt knapp hinter dem Sattelgurt (Schulter, Hüfte und Absatz bilden in etwa eine Senkrechte), damit sie zum Treiben kommt und der Reiter unter seinem Schwerpunkt im Bügel nachfedern kann. Wichtig ist eine ruhige Beinlage; unruhige Unterschenkel wirken sich auf das Pferd störend und abstumpfend aus! Die Knie liegen fest und flach am Sattel, was vor allem beim Leichttraben und im leichten Sitz notwendig ist. Der tiefste Punkt ist der Absatz; die Fußspitzen zeigen nur leicht nach außen. Für Reiter, die Sporen tragen, ist die korrekte Fußhaltung unbedingte Voraussetzung! Der Reitlehrer sollte unbedingt gefragt werden, ob der Sitz für das Tragen von Sporen gefestigt genug ist.

WISSENS-CHECK HILFEN

?	**Was versteht man unter Hilfen?**	✓	Die Hilfen sind das Verständigungsmittel, mit denen der Reiter dem Pferd klar macht, was es tun soll.
?	**Welche Arten von Hilfen unterscheidet man?**	✓	Schenkelhilfen, Gewichtshilfen und Zügelhilfen.
?	**Welche Schenkelhilfen gibt es und was ist ihre Funktion?**	✓	Man unterscheidet vorwärtstreibende, seitwärtstreibende und verwahrende Schenkelhilfen. Die vorwärtstreibenden Schenkelhilfen bestehen in kurzer Druckerhöhung beider Waden am Pferdeleib und veranlassen das Pferd zum vermehrten Vorwärtsgehen. Durch einseitigen Druck mit dem Schenkel knapp hinter dem Gurt wird das Pferd veranlasst, seitwärts zu gehen. Durch die verwahrende Schenkelhilfe des entgegengesetzten Schenkels wird die Seitwärtsbewegung begrenzt; der verwahrende Schenkel liegt etwa eine Handbreit weiter zurück als der seitwärtstreibende.
?	**Nennen Sie einige Lektionen, bei denen sowohl der seitwärts treibende als auch der verwahrende Schenkel einwirkt.**	✓	Bei der Vorhandwendung sowie beim Schenkelweichen und dem Viereck verkleinern und vergrößern.

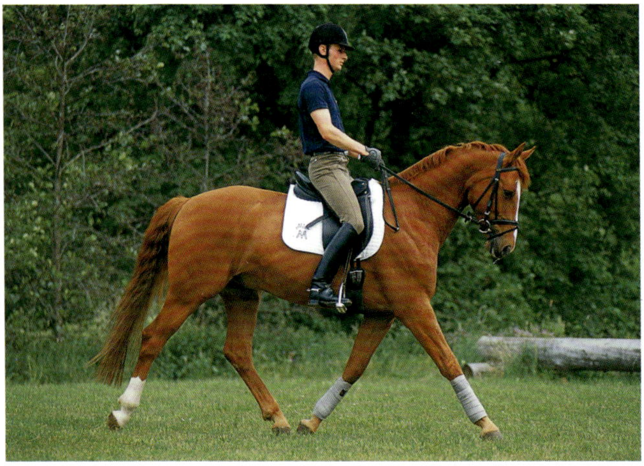

Beidseitig treibende Schenkel- und Gewichtshilfen

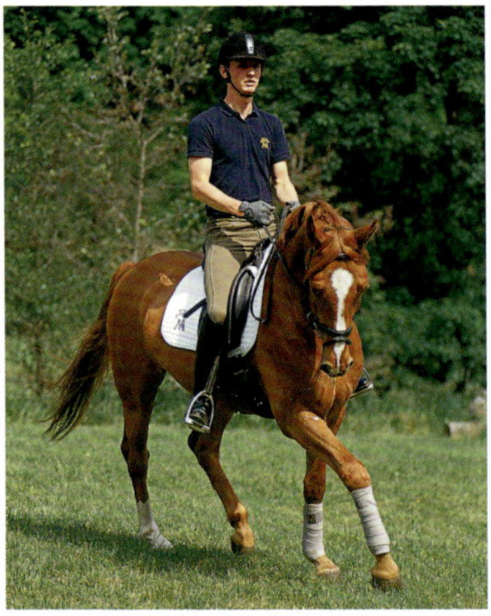

Hilfen auf gebogener Linie

?	**Welche Gewichtshilfen unterscheidet man?**	✓	Beidseitig belastende (vortreibendes „Kreuzanziehen"), einseitig belastende und entlastende. Letztere werden nur beim Rückwärtsrichten angewandt.
?	**Welche Zügelhilfen gibt es?**	✓	Zügelhilfen umfassen eine breite Skala: Vom Anstehenlassen der Hand über das Durchhalten bis zum Annehmen aus sich anspannender Faust heraus. Nach jedem Anstehenlassen bzw. Aushalten (auch Durchhalten) oder Annehmen der Hand muss unbedingt ein Nachgeben erfolgen. Zügelhilfen werden immer in Verbindung mit treibenden Schenkel- und Gewichtshilfen gegeben.
?	**Nennen Sie Beispiele für den Einsatz treibender Hilfen bei nachgebender Hand.**	✓	Anreiten und Antraben.
?	**Nennen Sie Beispiele für den Einsatz von einseitig treibenden und verwahrenden Kreuz- und Schenkelhilfen.**	✓	Angaloppieren, Reiten von Wendungen, Einwirkung bei einem scheuenden Pferd.
?	**Was sind Paraden und welchen Zweck erfüllen sie?**	✓	Paraden sind ein Zusammenspiel von Schenkel-, Gewichts- und Zügelhilfen (anstehende, aushaltende, annehmende), etwa zum Zweck des Durchparierens, des Wechsels aus dem Galopp zum Trab oder aus dem Trab zum Schritt (halbe Paraden) sowie zum Durchparieren aus jeder Gangart zum Halten (ganze Paraden). Paraden dienen außerdem dazu, die Aufmerksamkeit des Pferdes zu erhalten.
?	**Gibt es auch im Gelände eine innere und eine äußere Seite?**	✓	Ja, denn innen ist immer die Seite, nach der das Pferd gestellt ist, außen die entgegengesetzte. Stellung heißt, dass der Reiter bei aufrechter Haltung das innere Auge und den inneren Nüsternrand des Pferdes schimmern sieht. So ist zum Beispiel beim Außengalopp in der Bahn die zur Bande gerichtete Seite des Pferdes innen. Dasselbe gilt für alle Wendungen: Immer ist die Seite, nach der das Pferd gestellt ist, die innere.

GRUNDKENNTNISSE DER PFERDEHALTUNG

Der Pferdeführerschein Reiten-Bewerber muss in der Prüfung die Fähigkeit nachweisen, Pferde anhand ihrer Fellfarben, der Abzeichen an Kopf und Beinen sowie ihrer Brandzeichen zu beschreiben. Hier gilt es, die gebräuchlichen Fachbegriffe kennen und anwenden zu können.

WISSENS-**CHECK** FARBEN, ABZEICHEN, BRANDZEICHEN

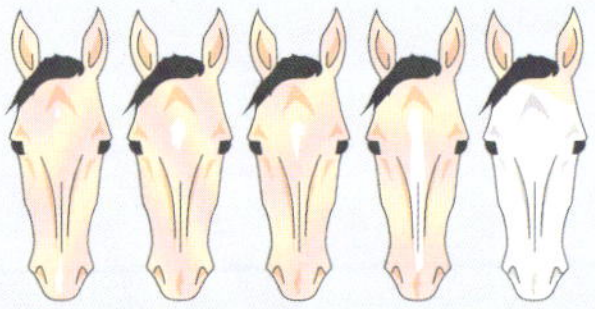

Flocke und an der Nase eine Schnippe, Stern, kleiner Keilstern, Blesse, Laterne

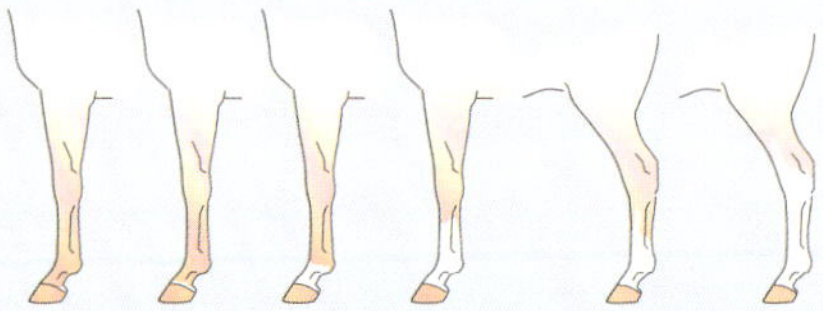

Weißer Vorderballen, weiße Vorderkrone, weiße Vorderfessel, halbweißer Vorderfuß, weißer Hinterfuß und -bein

?	**Welches sind die wichtigsten Farben von Pferden?**	✓	Man unterscheidet Braune, Füchse, Rappen, Schimmel, Isabellen, Falben und Schecken.
?	**Was sind die Merkmale eines Braunen und welche Farbabstufungen gibt es?**	✓	Ein Brauner hat braunes Deckhaar (Fell) und schwarzes Langhaar (Mähne und Schweif). Es gibt Licht- oder Hellbraune, Braune, Dunkelbraune und Schwarzbraune.
?	**Was ist ein Fuchs und welche Farbabstufungen werden unterschieden?**	✓	Ein Fuchs hat hellbräunlich-gelbes bis dunkelrotbraunes Deckhaar und gleichfarbiges oder helleres Langhaar. Man unterscheidet Lichtfüchse, Schweißfüchse, Goldfüchse und Dunkelfüchse.
?	**Was unterscheidet einen Rappen von einem Sommerrappen?**	✓	Der Rappe hat schwarzes Deckhaar und schwarzes Langhaar; beim Sommerrappen wird das Fell im Winter bräunlich.

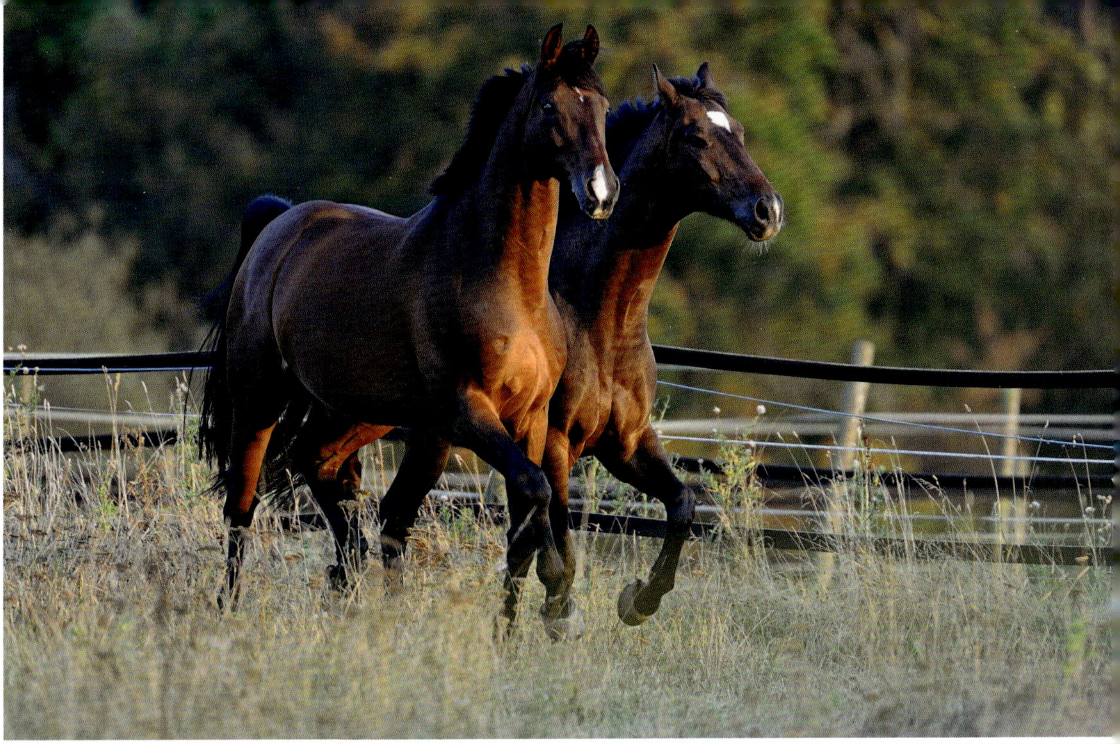

Zwei Braune mit unterschiedlichen Abzeichen am Kopf.

?	**Was ist ein Schimmel und welche Schimmelarten gibt es?**	✓	Ein Schimmel ist ein Pferd mit weißem Deckhaar und weißem Langhaar. Sind im Fell andere Farbzusätze vorhanden, so spricht man je nach Farbton und Form dieser Zusätze von Grau-, Braun-, Schwarz-, Rot-, Fliegen- oder Apfelschimmel.
?	**Was unterscheidet Isabellen von Falben?**	✓	Isabellen haben gelblich-cremefarbenes Deckhaar und gleichfarbiges Langhaar, Falben haben bei gelblich-cremefarbenem Deckhaar schwarzes Langhaar und einen Aalstrich auf dem Rücken.
?	**Was versteht man unter einem Schecken?**	✓	Ein Schecke ist ein Pferd mit mehr oder minder großen Flecken im Fell, die verschiedene Farben haben können.
?	**Wann nennt man ein Pferd stichelhaarig?**	✓	Wenn es einzeln stehende weiße Haare im Fell hat.
?	**Brandzeichen**	✓	Siehe Abb. auf Seite 46.

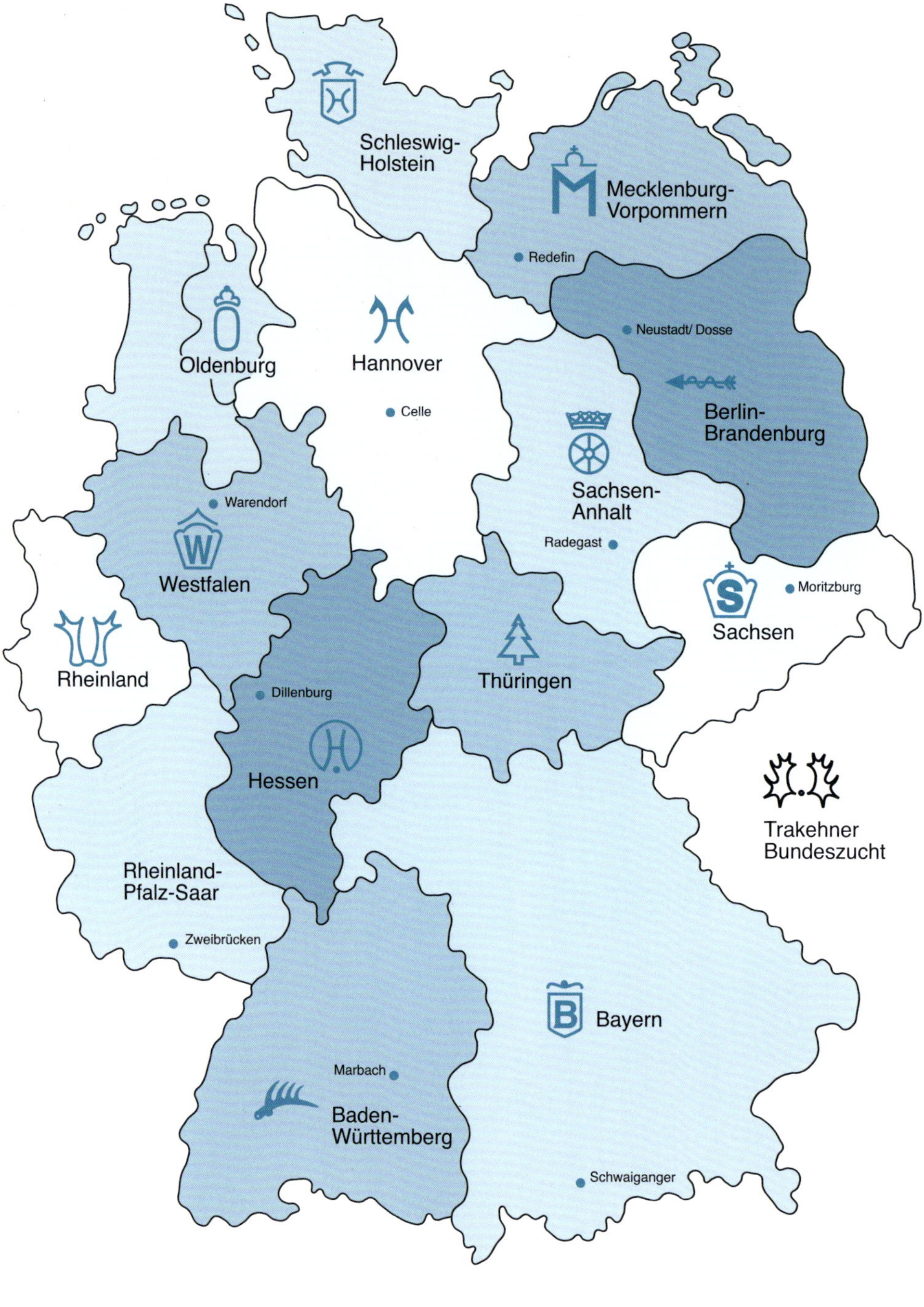

Zuchtgebiete des Deutschen Reitpferdes und Brandzeichen (nach FN). 2005 wurde der Verband hessischer Pferdezüchter mit dem Verband hannoverscher Warmblutzüchter verschmolzen, außerdem die Pferdezuchtverbände Sachsen und Thüringen zu einem Verband. Zwei Jahre später schlossen sich Sachsen-Anhalt und Berlin-Brandenburg zum „Pferdezuchtverband Brandenburg-Anhalt" zusammen.

WISSENS-**CHECK**
HALTUNG: STALL UND WEIDE

?	**Welche Haltungsformen unterscheidet man?**	✓	Die Robusthaltung und die Stallhaltung.
?	**Welches sind die wesentlichen Merkmale der Robusthaltung?**	✓	Das robust gehaltene Pferd lebt ganzjährig im Freien, hat jedoch einen Offenstall zur Verfügung, den es nach Belieben aufsuchen kann.
?	**Wie soll der Offenstall beschaffen sein?**	✓	Er soll mit einer trockenen Unterlage ausgestattet und nach drei Seiten geschlossen sein; die vierte, offene Seite soll in die windärmste Richtung weisen.
?	**Wie soll der geschlossene Stall beschaffen sein?**	✓	Er soll groß, hell und luftig sein (aber ohne Zugluft), mit trockener Unterlage und mit einer mindestens drei Meter breiten, rutschfesten Stallgasse ausgestattet.

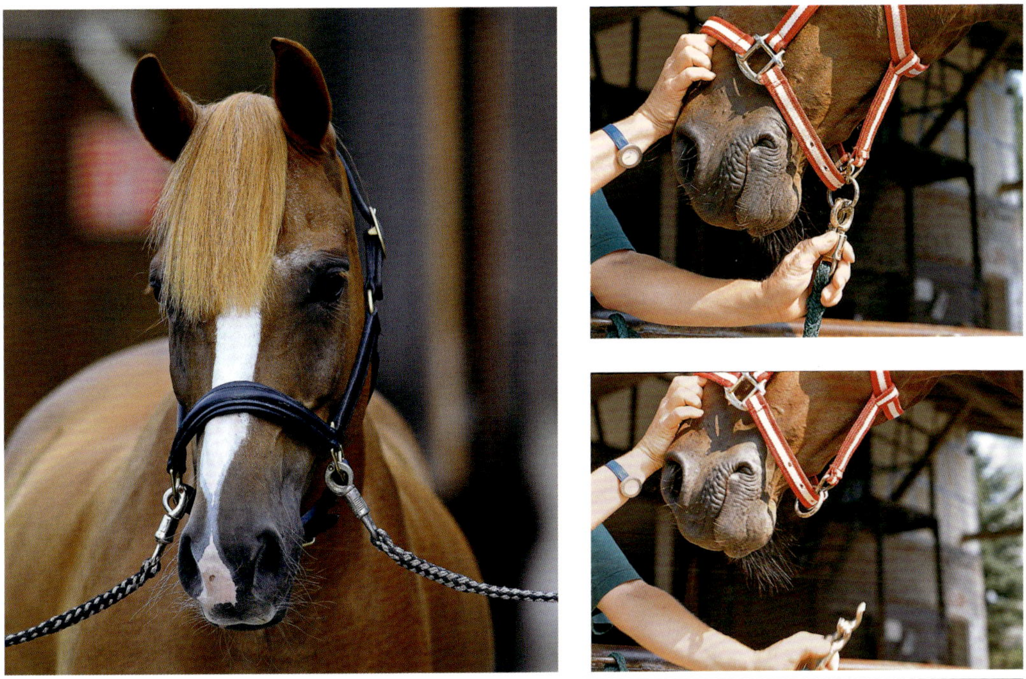

Der Panikhaken: Notfalls schnell zu öffnen, auch unter Zugkraft.

?	**Wie hoch soll eine Box sein?**	✓	3,50 bis 4 Meter.
?	**Welche Größe muss eine Box haben?**	✓	Ihre Mindestfläche errechnet sich aus der Widerristhöhe des Pferdes × 2 im Quadrat, also $(Wh \times 2)^2$. Pro Pferd und Box sind ca. 11 m^2 und 40 m^3 Boxenraum (Volumen) anzusetzen.
?	**Wie müssen die Fenster angebracht sein?**	✓	Nicht zu tief, mindestens in einer von den Pferden erreichbaren Höhe.
?	**Wie groß müssen die Fenster sein?**	✓	Pro Pferd ist mindestens ein Quadratmeter Fensterfläche zu rechnen. Die Fenster sollten sich ganz öffnen lassen.
?	**Worauf ist bei den Türen einer Box zu achten?**	✓	Sie müssen breit genug sein (1,20 m) und für Großpferde 2,5 m hoch, für Ponys 2 m hoch.
?	**Was ist bei der Abtrennung durch Gitterstäbe zu beachten?**	✓	Der Abstand zwischen den Stäben darf nicht zu weit sein (etwa vier Zentimeter), damit das Pferd nicht mit den Hufen hängen bleiben kann.
?	**Worauf kommt es bei der Strohmatratze vor allem an?**	✓	Sie muss trocken sein und täglich gut gepflegt werden.
?	**Wie müssen Trog und Tränke beschaffen sein?**	✓	Sie dürfen keine Ecken haben und sind in Höhe des Schultergelenks angebracht. Auf regelmäßige Säuberung ist zu achten.
?	**Was ist als Anbindevorrichtung am geeignetsten?**	✓	Der Panikhaken; er lässt sich durch leichtes Ziehen in Richtung zum Strick rasch und einfach öffnen (s. Abb. S. 47).
?	**Welche Temperatur sollte im Stall herrschen?**	✓	Sie sollte der Außentemperatur ähnlich sein.
?	**Wie viel Bewegung braucht das Pferd?**	✓	So viel wie möglich. Außer dem täglichen Reiten braucht es zusätzliche Bewegungsmöglichkeiten.

?	**Welche zusätzlichen Bewegungsmöglichkeiten gibt es?**	✓	Longieren, Führen, Freilaufenlassen, Auslauf im Paddock, Weidegang, Bewegung an der Führmaschine und auf dem Laufband. Am schönsten ist die freie Bewegung auf der Weide.
?	**Was ist ein Paddock?**	✓	Ein umfriedeter Auslauf mit Sand- oder Grasboden, stabiler Umzäunung und einer Fläche, die sich aus der Widerristhöhe des Pferdes x 2 im Quadrat errechnet.
?	**Wie sollte die Weide beschaffen sein?**	✓	Sie sollte bei längerer Weidehaltung pro Pferd etwa einen Hektar groß und mit einem Unterstand ausgestattet sein.
?	**Was ist bei der Einzäunung einer Weide zu beachten?**	✓	Sie muss aus festem, gut sichtbarem Material (am besten Holz) bestehen und so hoch sein, dass das Pferd sie nicht überspringen kann. Stacheldraht ist als Einzäunung nicht geeignet! Ein Elektrozaun sollte niemals allein, sondern nur in Verbindung mit einem Holzzaun verwendet werden.
?	**Was sollte bedacht werden, wenn man ein Pferd allein oder in Gesellschaft anderer Pferde auf die Weide lässt?**	✓	Das Pferd ist ein Herdentier; eine längere Weidehaltung ohne die Gesellschaft anderer Pferde ist daher nicht artgemäß. Lässt man mehrere Tiere zum ersten Mal zusammen auf die Weide, so muss genau beobachtet werden, ob sie sich vertragen, bevor man sie sich selbst überlässt. Bei längerer Weidehaltung sind die Hufeisen zu entfernen, sofern die Pferde während dieser Zeit nicht auf hartem Boden geritten werden.

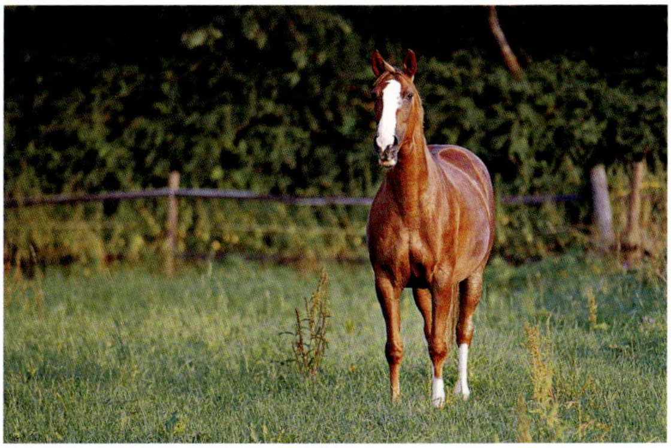

Der Zaun einer Weide muss sicher sein und morsche Pfosten sollten sofort ausgetauscht werden.

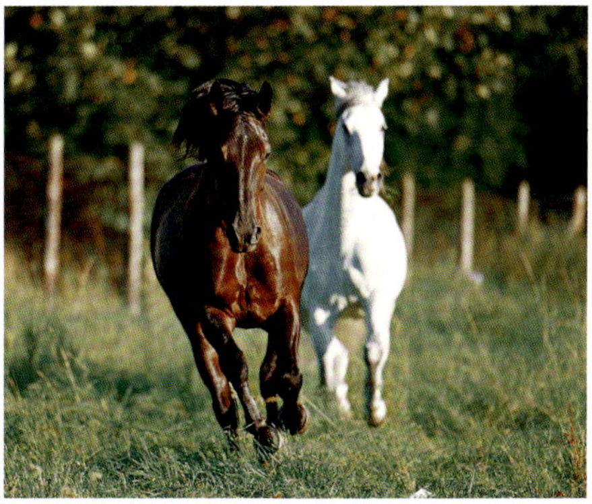

Der Bewegungsdrang wird auf der Weide am schönsten gestillt.

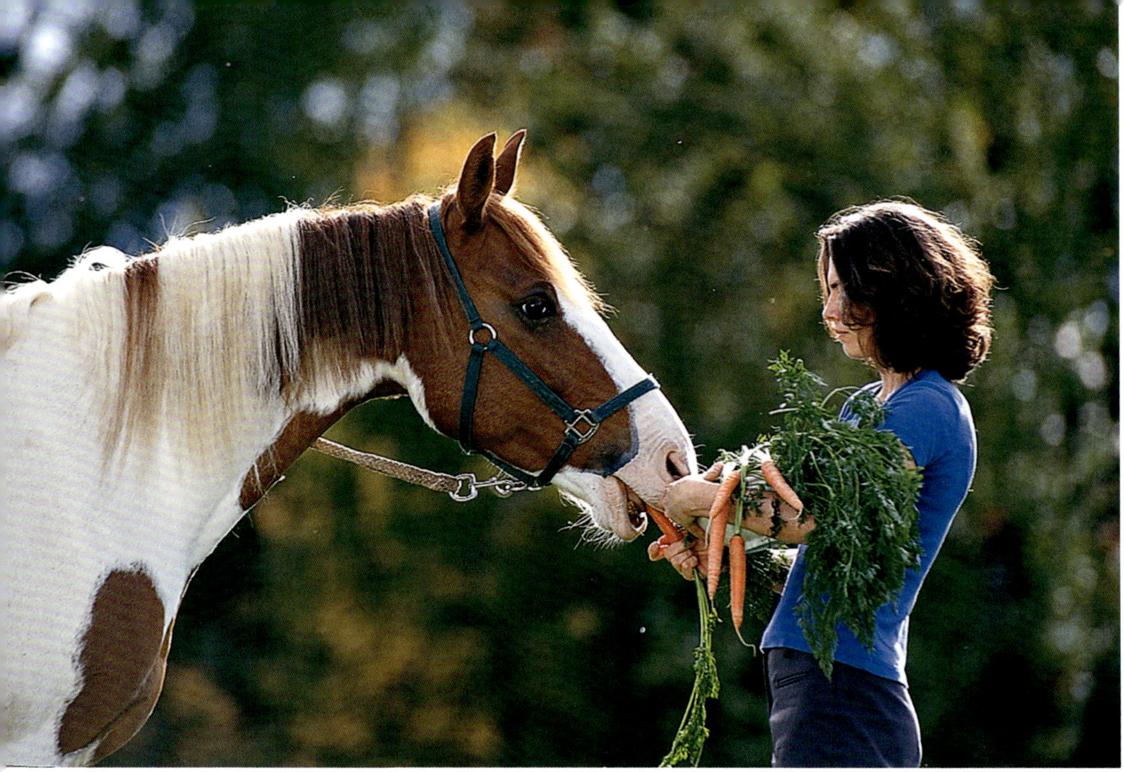

Mohrrüben fressen fast alle Pferde gern.

☞ WISSENS-CHECK FÜTTERN

?	**Wie oft und zu welchen Tageszeiten wird das im Stall stehende Pferd gefüttert?**	✓	Es wird in der Regel dreimal täglich gefüttert: frühmorgens, mittags und abends. Dabei gilt: Erst Raufutter, dann Kraftfutter.
?	**Warum wird die größte Portion abends gegeben?**	✓	Weil der Abendfütterung die längste Ruhe- und Verdauungspause folgt.
?	**Woraus besteht das Futter des Pferdes im Stall?**	✓	Aus Hafer oder anderem Kraftfutter, Heu und Stroh.
?	**Wie viel Hafer, Heu und Stroh werden durchschnittlich gefüttert?**	✓	Ein mittelschweres Pferd (500 kg) bekommt bei normaler Leistung pro Tag ca. 1 kg Kraftfutter je 100 kg Körpermasse und genügend Heu. Als Richtwert gilt ca. 1,5 kg je 100 kg Körpermasse.
?	**Was ist bei der Fütterung robust gehaltener Pferde zu beachten?**	✓	Robust gehaltene Pferde bekommen Kraftfutter nur bei Leistung, Raufutter bzw. Grünfutter nach Bedarf.

?	**Welche Futterarten unterscheidet man?**	✓	Kraftfutter, Raufutter und Saftfutter.
?	**Welche Arten von Kraftfutter stehen zur Verfügung?**	✓	Hafer, Mais, Roggen, Weizen, Gerste und Mash. Daneben gibt es eine Vielzahl von fertigen Kraftfuttermischungen in verschiedenen Zusammensetzungen.
?	**Was ist Mash (engl. „mäsch")?**	✓	Zusatzfutter (siehe Kasten unten)
?	**Welche Raufutterarten gibt es?**	✓	Heu und Stroh.
?	**Wie heißen die hochwertigen Heuarten?**	✓	Kleeheu und Luzerne.
?	**Wofür wird Stroh hauptsächlich verwendet?**	✓	Als Einstreu, aus der das Pferd auch einen Teil seines Raufutterbedarfs deckt.
?	**Welche Stroharten sind für die Einstreu am besten?**	✓	Roggen- und Weizenstroh.
?	**Was ist Saftfutter?**	✓	Vor allem frisches Gras und Mohrrüben, außerdem rote Rüben, Zucker- und Futterrüben.

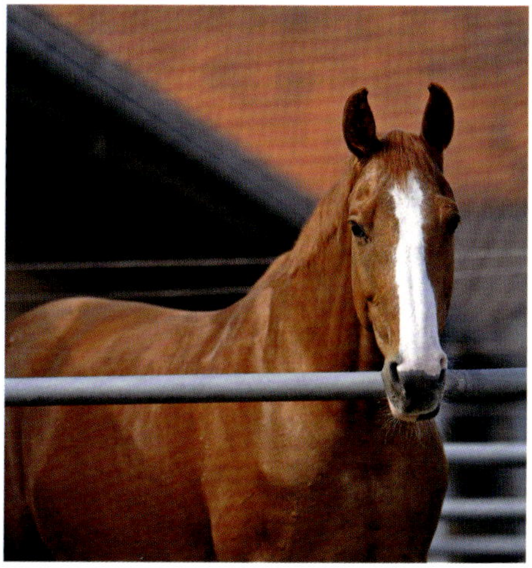

MASH

Mash ist ein Gemisch aus Hafer, Weizenkleie und Leinsamen, das mit kochendem Wasser übergossen, angerührt und danach lauwarm gefüttert wird. Mash ist sehr kräftig, wird gern gefressen und eignet sich daher besonders für kranke und geschwächte Pferde. Einmal pro Woche gefüttert, unterstützt Mash das Pferd im Fellwechsel. Auch wenn von einem Pferd überdurchschnittliche Leistungen verlangt werden (zum Beispiel bei mehrtägigen, langen Ritten), ist Mash zu empfehlen.
Mash wird inzwischen von zahlreichen Herstellern auch als Fertigfutter angeboten.

☞ WISSENS-CHECK TRÄNKEN

?	**Wie oft und wann wird das Pferd getränkt, wenn keine automatische Selbsttränke vorhanden ist?**	✓	Drei- bis viermal am Tag, vor oder nach dem Füttern.
?	**Wie muss das Wasser sein, mit dem getränkt wird?**	✓	Frisch, also nicht abgestanden. Bei erkälteten Tieren sollte etwas warmes Wasser hinzugegeben werden.
?	**Wie wird auf der Weide für frisches Wasser gesorgt?**	✓	Durch Pumpen oder Selbsttränken, die aus dem Grundwasser gespeist werden, oder mit Hilfe von Behältern, in die mit einem Schlauch regelmäßig frisches Wasser gefüllt wird.
?	**Wann darf man ein Pferd unter keinen Umständen ungehindert saufen lassen?**	✓	Wenn es stark erhitzt ist. Es muss dann erst herumgeführt werden, damit es abschwitzt.
?	**Welche Mittel gibt es, ein noch schwitzendes Pferd an zu schnellem und gierigem Saufen zu hindern?**	✓	Man legt ein Büschel Heu (oder etwas Stroh) auf das Wasser oder lässt das Trensengebiss im Maul.

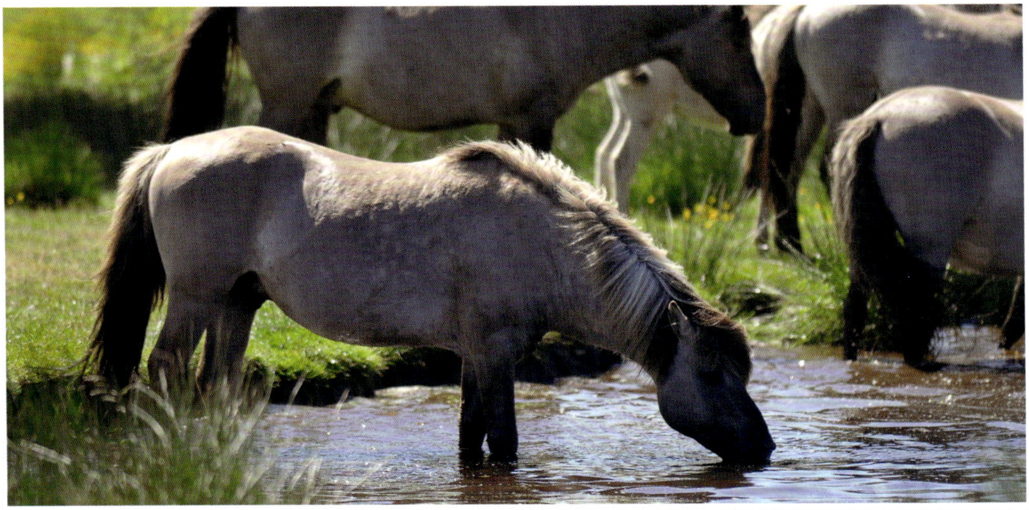

Pferde in freier Wildbahn (hier eine Konik-Herde) nutzen die Tränkestelle gleichzeitig für ein kühles Bad.

☞ WISSENS-CHECK PFLEGE

?	**Wie oft und aus welchen Gründen wird ein Pferd geputzt?**	✓	Es wird jeden Tag einmal gründlich durchgeputzt und außerdem nach dem Reiten glattgeputzt. Das Putzen dient nicht nur der Reinigung, sondern ist auch eine gute Massage. Bei Pferden, die längere Zeit auf der Weide oder ganzjährig im Offenstall gehalten werden, putzt man nur den groben Schmutz weg. Durch zu intensives Putzen würde das Fett in der Unterwolle – der natürliche Schutz vor Kälte und Nässe – entfernt.
?	**Wie beginnt man mit dem Putzen?**	✓	Von vorn nach hinten. Zuerst werden alle bemuskelten Körperteile mit dem Haar und gegen das Haar durchgestriegelt.
?	**Welche Körperteile dürfen nie mit dem Striegel behandelt werden?**	✓	Der Kopf, die Gliedmaßen vom Vorderfußwurzelgelenk und Sprunggelenk abwärts, ein hoher Widerrist und abstehende Hüftknochen, also alle wenig bemuskelten Körperteile.
?	**Was geschieht nach dem Durchstriegeln?**	✓	Man putzt mit der Kardätsche, die man für die linke Seite des Pferdes in die linke Hand nimmt, während die rechte den Striegel hält – bei der rechten Seite des Pferdes ist es umgekehrt. Das Pferd wird in langen, ruhigen Strichen mit der Kardätsche gründlich durchgebürstet. Dabei streicht man die Kardätsche immer wieder in Richtung Fingerspitzen am Striegel ab. Der Striegel wird von Zeit zu Zeit auf der angefeuchteten Stallgasse ausgeklopft. Anschließend wird die Stallgasse sauber gefegt.
?	**Was ist zu tun, wenn das Pferd mit Striegel und Kardätsche gründlich durchgeputzt ist?**	✓	Die Mähne wird mit einer Reißkardätsche gut durchgebürstet, dann wird das Pferd mit einem Wolllappen abgerieben.
?	**Womit werden Augen und Nüstern, Geschlechtsteile, die Unterseite der Schweifrübe und der After gesäubert?**	✓	Mit zwei Schwämmen, von denen der eine für Augen und Nüstern, der andere für die übrigen Körperteile benutzt wird.

?	**Wie wird der Schweif gepflegt?**	✓	Er wird mit der Hand verlesen und ab und zu gewaschen.
?	**Wie werden stark verschmutzte Beine gesäubert?**	✓	Sie werden – bei warmem Wetter – gewaschen und dann mit der Hand abgestreift.
?	**Wann und zu welchem Zweck werden Pferdebeine abgespritzt?**	✓	Nur bei warmem Wetter; das Abspritzen dient der Pflege, Massage und Kühlung. Nach dem Abspritzen müssen die Beine, vor allem die Fesselbeugen, gut getrocknet werden.
?	**Wie werden die Hufe vor dem Reiten behandelt?**	✓	Sie werden lediglich ausgekratzt (s. Abb. S. 55).
?	**Wie werden die Hufe nach dem Reiten gepflegt?**	✓	Sie müssen gründlich gesäubert werden. Bei warmem, trockenem Wetter werden sie gewaschen und, solange sie noch feucht sind, einschließlich der Sohle eingefettet. Bei feuchtem Wetter genügt es, den Huf zu säubern. Auf keinen Fall darf die Glasurschicht mit harten, scharfen Gegenständen bearbeitet werden, da sie der natürliche Schutz der Hornwand ist.
?	**Wie wird das Pferd nach dem Reiten versorgt?**	✓	Das Gesicht, die Sattellage und die Schweißstellen zwischen den Hinterbeinen werden mit einem feuchten Schwamm gesäubert. Sobald diese Stellen trocken sind, wird das ganze Pferd glattgeputzt.
?	**Wie behandelt man ein nassgerittenes Pferd bei warmem, trockenem Wetter?**	✓	Es gibt im Wesentlichen drei Möglichkeiten: 1. Man reitet so lange Schritt, bis das Pferd abgeschwitzt hat. 2. Man führt das Pferd ohne Sattel trocken. 3. Das Pferd wird abgewaschen, mit dem Schweißmesser abgezogen und dann trockengeführt (s. Abb. rechts).
?	**Wie wird bei kühler Witterung verfahren?**	✓	Grundsätzlich sollte ein Pferd bei kühler Witterung nicht nassgeritten werden. Wenn sich das Schwitzen einmal gar nicht vermeiden lässt, muss das Pferd nach dem Reiten mit Stroh trockengerieben werden. Die Strohbüschel werden dabei in großen, gegeneinander geführten Bögen über die feuchten Stellen gerieben und gegen trockene ausgetauscht, sobald sie feucht werden. Ein Solarium kann diese Arbeit ersetzen.

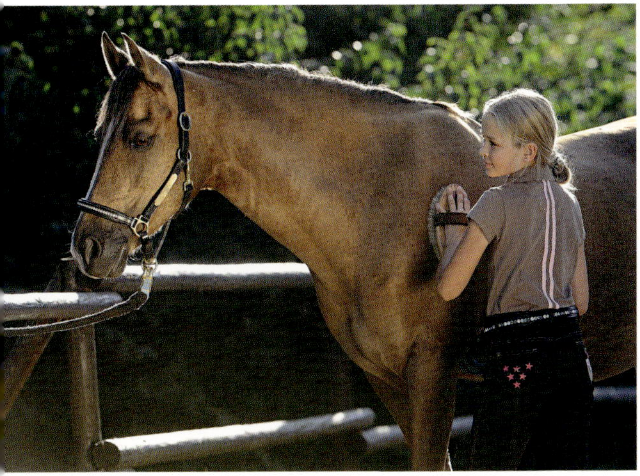

Putzen ist auch Beziehungspflege

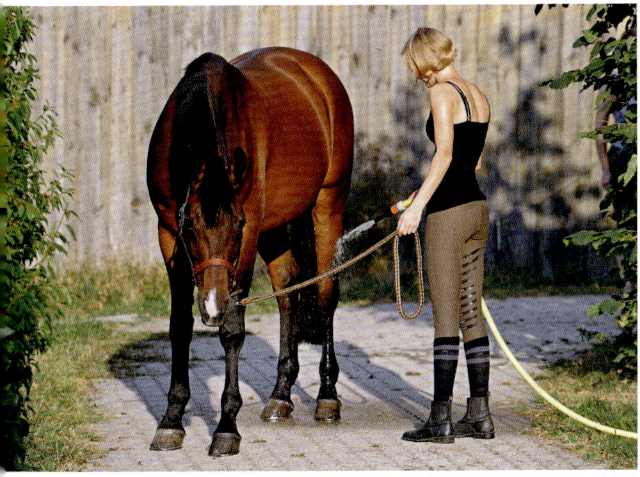

Abspritzen der Pferdebeine

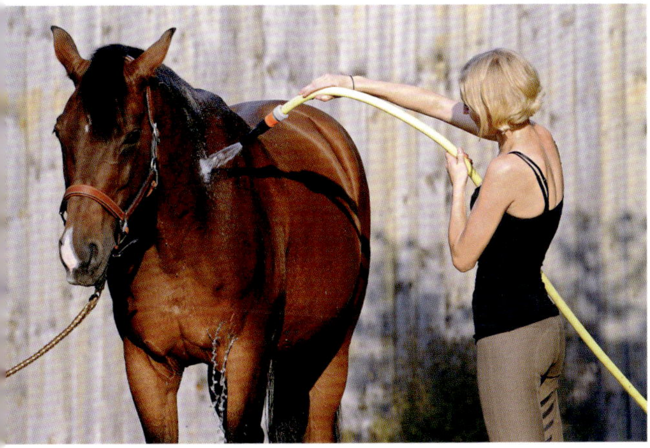

Abwaschen bei warmem, trockenem Wetter

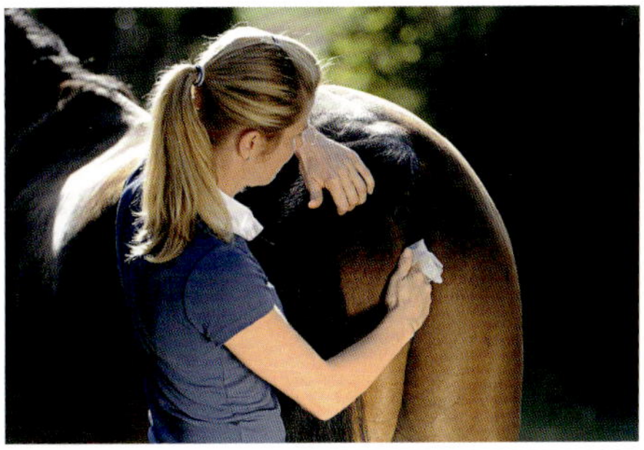

Säubern des Afters

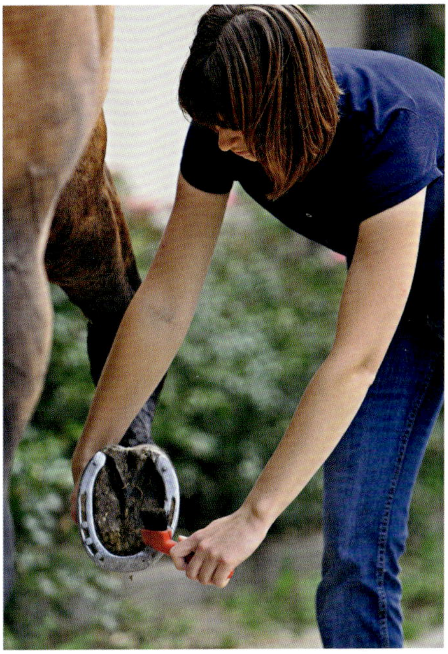

Hufe auskratzen

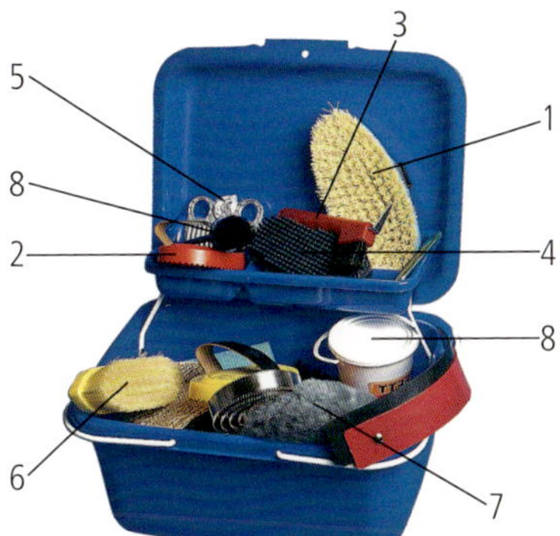

Putzzeug: 1 Kardätsche, 2 Plastikstriegel, 3 Hufkratzer, 4 Massagebürste, 5 Mähnenkamm, 6 Wurzelbürste, 7 Lappen, 8 Huffett, Hufpinsel

☞ WISSENS-**CHECK** ANZEICHEN VON KRANKHEITEN

?	**Welche Anzeichen deuten auf eine Krankheit hin?**	✓	Teilnahmslosigkeit, Gehunlust oder Unruhe, Schweißausbrüche und Appetitlosigkeit können Anzeichen von Krankheit sein. Weitere Merkmale: Husten, Stöhnen, Nasenausfluss.
?	**Welche Anzeichen lassen eine Kolik vermuten?**	✓	Auffälliges Umsehen zum Bauch, Unruhe, Scharren und häufige Versuche, sich hinzulegen, zu wälzen; Wegstellen der Hinterbeine.
?	**Was ist bei Anzeichen von Kolik zu tun?**	✓	Sofort den Tierarzt holen! Das Pferd darf nicht fressen, darf aber schluckweise trinken. Warm eindecken, massieren, führen!
?	**Was können die Ursachen für eine Kolik sein?**	✓	Magenüberladung, gieriges Schlingen, schlechtes und verdorbenes Futter, Futter- oder Wetterumstellung, Kochsalzmangel, Verstopfung oder Vergiftung. Darmverschlingung oder -verlagerung sind lebensbedrohlich!

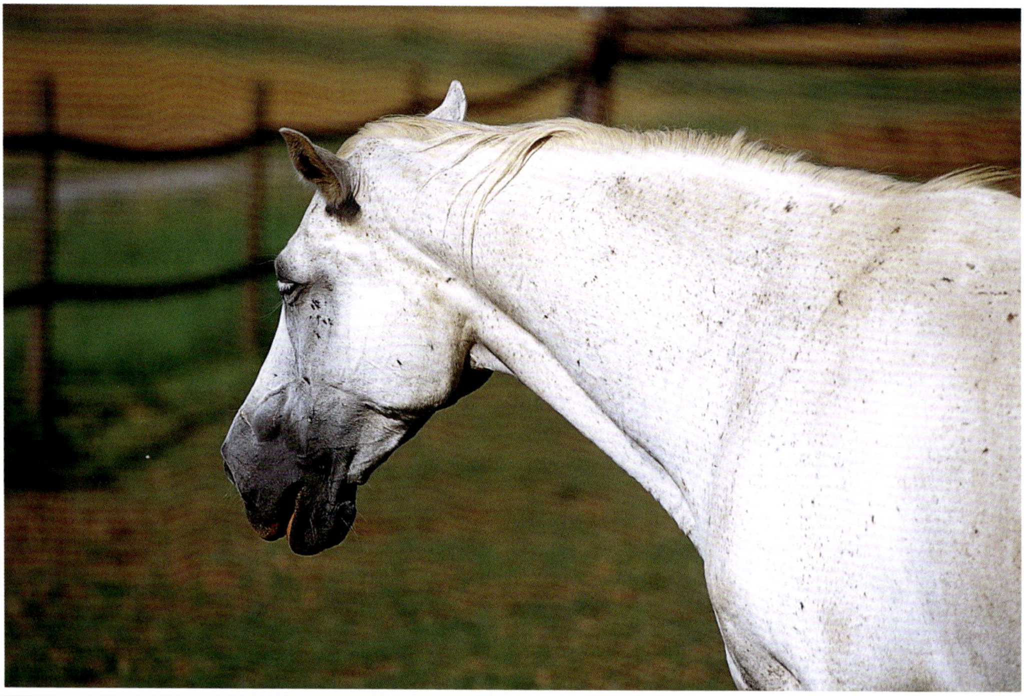

Hustende Pferde sollten staubarm gehalten werden.

?	**Woran erkennt man Kreuzverschlag und was ist zu tun?**	✓	Das Pferd zeigt starke Bewegungsstörungen in der Hinterhand, die bald Lähmungs- und Erstarrungsformen annehmen. Rot- bis schwarzbraune Verfärbung des Harns ist ein Zeichen schweren Verschlags. Schnellstens den Tierarzt holen!
?	**Was ist zu tun, bis der Tierarzt helfen kann?**	✓	Jede Bewegung vermeiden! Rücken und Kruppe warm eindecken.
?	**Wodurch kann Kreuzverschlag – auch Feiertagskrankheit genannt – entstehen?**	✓	Durch Bewegungsmangel bei zu kräftigem Futter, aber auch durch Überanstrengung.
?	**Was ist bei Husten zu tun?**	✓	Fieberfreie Pferde werden schonend, möglichst in frischer Luft, geritten. Bei Husten mit Fieber den Tierarzt kommen lassen. Staubarm halten und füttern.
?	**Wann hat ein ausgewachsenes Pferd Fieber?**	✓	Wenn die Temperatur höher als 38,2 Grad Celsius ist, nachdem es sich mindestens eine Stunde in Ruhe befand.

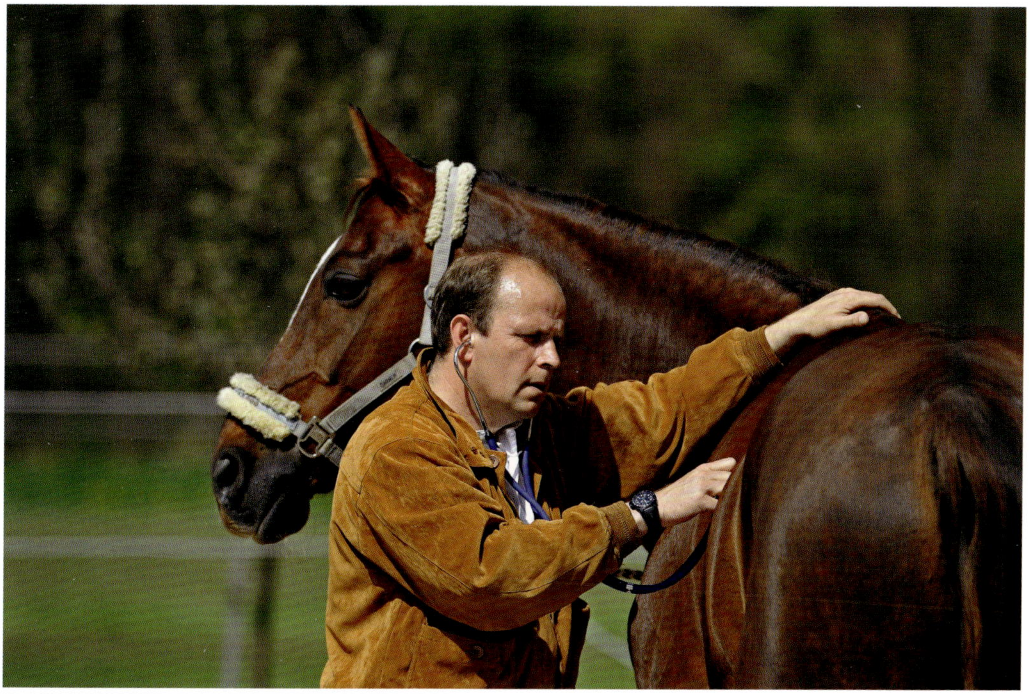

Bei akutem Husten oder Verdacht auf ernstere Lungenerkrankungen hört der Tierarzt die Lunge des Pferdes ab.

REITERLICHES VERHALTEN UND UMWELTSCHUTZ

Vor dem ersten Ausritt sollte sich jeder Reiter darüber informieren, welche Regelungen in seinem Reitgebiet zu beachten sind. Schließlich teilt man sich das Gebiet mit weiteren Erholungssuchenden, die häufig ganz andere Interessen haben, als Reiter.

GEBOTE

Reiten im Wald ist nur auf Straßen und Wegen gestattet. Einzelheiten werden von den verschiedenen Ländern unterschiedlich geregelt. Während der Jagdzeiten sollte nicht vor sieben Uhr und nicht nach 19 Uhr durch den Wald geritten werden. Hauptjagdzeiten sind Ende Juli/Anfang August (Rehwild) und Mitte September bis Ende Oktober (Rotwild). In der offenen Kulturlandschaft muss auf Wegen geritten werden. Vor Fußgängern ist entsprechend rechtzeitig zum Schritt durchzuparieren und erst in angemessenem Abstand wieder anzutraben oder anzugaloppieren.

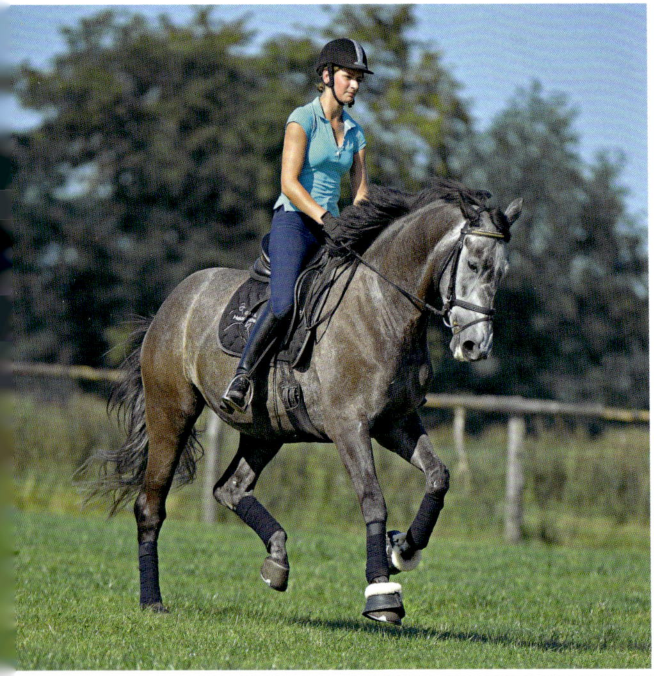

Informieren Sie sich am besten im Voraus, wo das Reiten erlaubt ist.

VERBOTE

Es ist verboten, durch Forstkulturen oder Dickungen zu reiten sowie auf Wegen im Wald oder auf landwirtschaftlichen Nutzflächen, wenn diese durch Witterungseinflüsse so weich sind, dass sie durch Pferdehufe nachhaltig beschädigt werden könnten.

TIERHALTERHAFTUNG UND -VERSICHERUNG

Es besteht zwar keine Versicherungspflicht, der Abschluss einer Tierhalter-Haftpflichtversicherung ist jedoch dringend anzuraten, da in jedem Fall, auch bei Fremdverschulden, Haftung besteht. Bei schweren Schäden oder Unfällen, z. B. im Straßenverkehr, gewährt die Deckungssumme im Versicherungsvertrag die Mindestabsicherung.

REITEN IM STRASSENVERKEHR

Muss eine Wegstrecke auf einer Straße zurückgelegt werden, gelten Reiter und Pferd als Verkehrsteilnehmer, egal ob man das Pferd reitet oder führt. Und damit muss die Straßenverkehrsordnung beachtet werden.

GEBOTE

Jeder Verkehrsteilnehmer muss sich so verhalten, dass kein anderer geschädigt, gefährdet oder mehr als nach den Umständen unvermeidbar behindert oder belästigt wird. Wenn Reitwege vorhanden sind, müssen diese benutzt werden; sonst wird auf der Straße möglichst weit rechts am Rand hintereinander geritten; auch geführt wird auf der rechten Straßenseite, denn laut § 28 StVO gelten nicht nur für Reiter, sondern ausdrücklich auch für Führer von Pferden die Verkehrsregeln für den Fahrverkehr. Gehwege für Fußgänger dürfen nicht benutzt werden.

Eine geschlossene Reitergruppe darf nicht länger als 25 Meter sein, bei zwei Reitergruppen beträgt der Abstand zwischen ihnen ebenfalls 25 Meter.

Bei Dunkelheit, in der Dämmerung oder bei schlechter Sicht (z. B. Nebel) ist eine nach vorn und hinten gut sichtbare, nicht blendende Leuchte mit weißem Licht mitzuführen. Stirnlampen eignen sich dafür am besten. Ebenfalls zulässig ist die Stiefelleuchte (am linken Bein). Empfehlenswert sind auch Leuchtgamaschen beim Pferd, eine leichte Decke in Signalfarbe mit reflektierenden Streifen und reflektierende Kleidung beim Reiter, beispielsweise eine Warnweste, die auch über einen dicken Anorak passt.

VERBOTE

Es ist verboten: sich auf der Straße mit Pferden aufzuhalten, die den Verkehr gefährden; Pferde vom Fahrrad oder Kraftfahrzeug aus zu führen; mehr als zwei Handpferde mitzuführen.

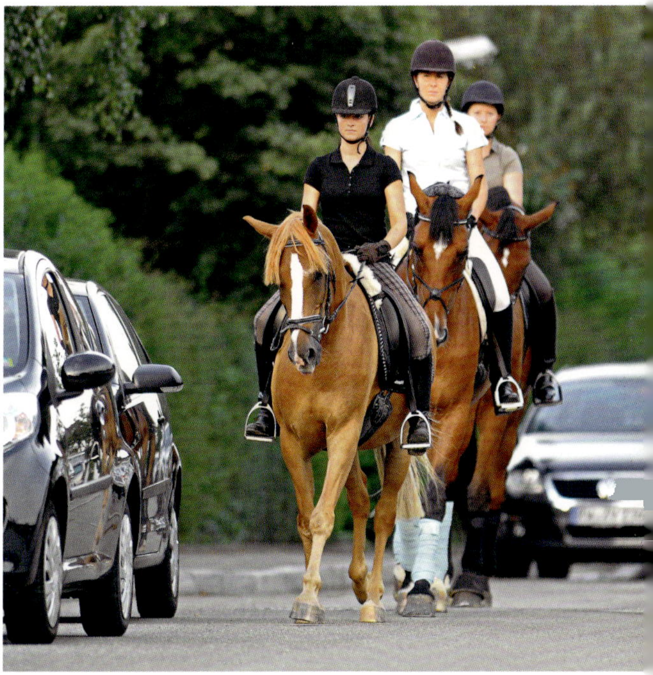

Auf der Straße wird geschlossen rechts hintereinander geritten, mit genügendem Abstand zu parkenden Autos.

☞ WISSENS-**CHECK** STRASSENVERKEHR

?		✓	
?	**Was ist beim Reiten in einer Gruppe im Straßenverkehr zu beachten?**	✓	Alle Reiter der Gruppe reiten auf der rechten Straßenseite dicht hintereinander (Kopf an Schweif). Zum Überqueren der Straße vergewissern sie sich, dass die Straße frei ist, machen gleichzeitig linksum und reiten im rechten Winkel unverzüglich auf die andere Straßenseite.
?	**Was ist im Straßenverkehr ein fester Verband und welche Regel gilt für ihn?**	✓	Ab sechs Reitern gilt eine Gruppe als fester Verband. Es wird paarweise und ohne Abstände scharf rechts geritten.

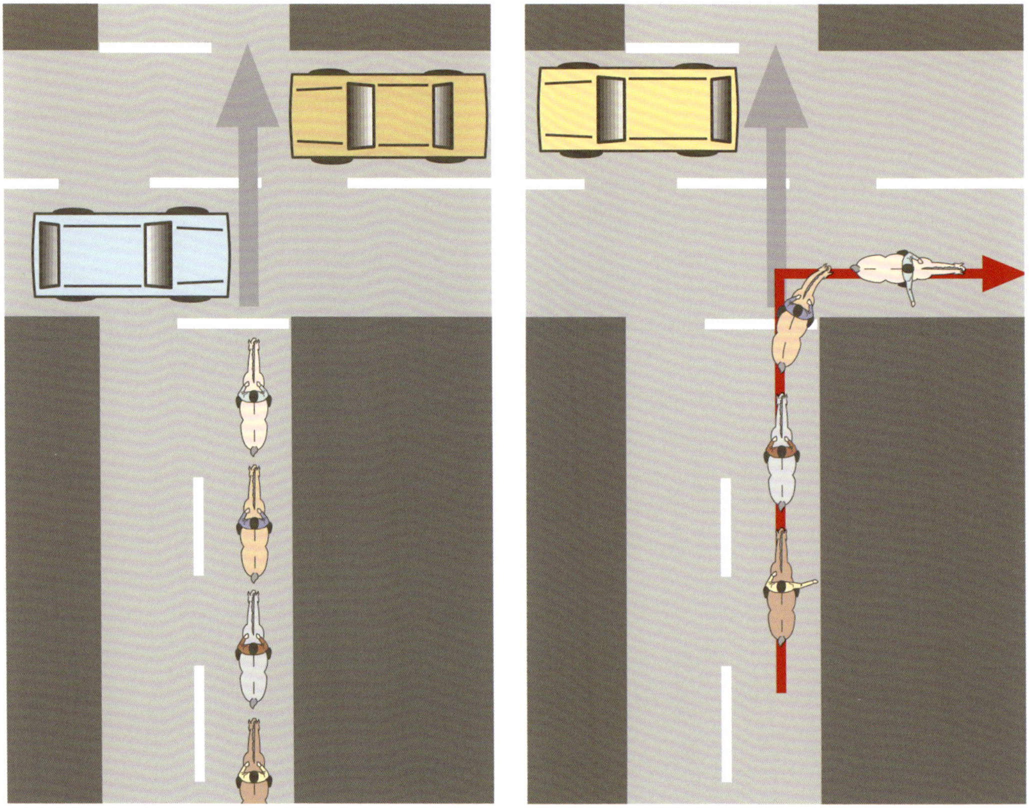

Vorschriftsmäßiges Reiten und Abbiegen auf einer Straße. Hier handelt es sich nur um vier Reiter, die nicht als geschlossener Verband gelten und daher einzeln hintereinander reiten.

AUSRÜSTUNG UND UNFALLVERHÜTUNG

Die verwendete Ausrüstung bei Mensch und Tier muss ihren Zweck erfüllen. Sie muss passen, darf nicht behindern oder die Einwirkung der Reiters auf das Pferd stören. Funktionalität und Sicherheit gehen immer vor und sind bei der Auswahl wichtiger als modische Aspekte.

☞ WISSENS-**CHECK** AUSRÜSTUNG DES REITERS

?	Frage	✓	Antwort
?	**Was gehört zur Ausrüstung des Reiters?**	✓	Eine Reithose, Reitstiefel, ein bruch- und splittersicherer Reithelm mit Drei- bzw. Vierpunktbefestigung (im Gelände sowie für Reiter unter 18 Jahren vorgeschrieben), Reithandschuhe, eine Gerte und bei fortgeschrittenen Reitern eventuell Sporen.
?	**Sind richtige Reithosen erforderlich?**	✓	Auf die Dauer gesehen, ja! Nur der Anfänger, der sich noch nicht darüber im Klaren ist, ob ihm der Reitsport wirklich zusagt, kann sich in den ersten Stunden bis zur endgültigen Entscheidung mit Trainingshosen oder Jeans behelfen. Zur Vermeidung von Wundstellen sollte unbedingt darauf geachtet werden, dass an den Beinenden Stege angebracht sind, damit die Hose nicht hochrutscht.
?	**Welche Arten von Reithosen gibt es?**	✓	Stiefel- und Jodhpurhosen.
?	**Welche Arten von Reitstiefeln gibt es?**	✓	Stiefel aus Leder oder Gummi, Jodhpurstiefel und Stiefeletten. Reitstiefel aus Leder sind sowohl beim Umgang mit dem Pferd als auch beim Reiten am sichersten. Eine Alternative zu Reitstiefeln sind Chaps, die aber nicht zu weich sein sollten, damit der Reiter ausreichend Halt und Sicherheit hat.

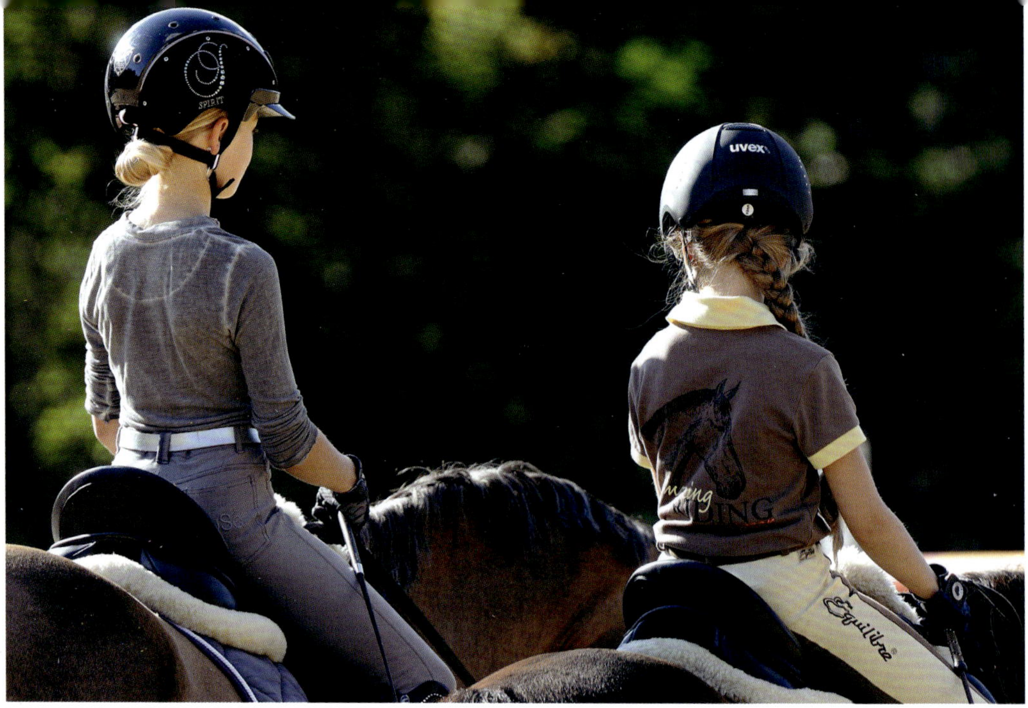

Unerlässlich im Gelände: der bruch- und splittersichere Reithelm mit Drei- bzw. Vierpunktbefestigung.

?	Frage	✓	Antwort
?	**Worauf ist bei Reitstiefeln zu achten?**	✓	Die Sohlen dürfen nicht zu dick und nicht zu breit sein; sie müssen von der Spitze bis zum Absatz durchgehen (nicht nur bis zum Ballen des Fußes!), damit der Reiter nicht am Steigbügel hängenbleiben kann. Die Kappen sollten hinten hoch sein. Beim normalen Reitstiefel aus Leder oder Gummi muss der Schaft bis zum Knie, das heißt bis zur Kniekehle, reichen, damit er nicht am Sattelblatt hängen bleibt.
?	**Was ist über das Tragen von Halb- oder Turnschuhen zu sagen?**	✓	Halb- oder Turnschuhe sollten allenfalls zum „Ausprobieren" bei den ersten Longestunden getragen werden. Es ist darauf zu achten, dass die Sohlen weder zu breit noch zu dick sind. Schon aus Sicherheitsgründen empfiehlt es sich dringend, möglichst bald reitsportgerechtes Schuhwerk anzuschaffen.
?	**Was ist außerdem für die Sicherheit des Reiters erforderlich?**	✓	Der bruch- und splittersichere Reithelm mit Drei- bzw. Vierpunktbefestigung. Empfohlen wird ein Schutzhelm, der der europäischen Norm „DIN EN 1384" genügt. Der Helm schützt den Kopf nicht nur bei Stürzen, sondern auch beim Reiten unter herabhängenden Ästen und Zweigen.
?	**Weshalb sind Reithandschuhe wichtig?**	✓	Sie verhindern, dass dem Reiter schweiß- oder regennasse Zügel aus der Hand rutschen.

?	Frage	✓	Antwort
?	**Worauf ist beim Kauf von Reithandschuhen zu achten?**	✓	Sie müssen zwischen Ringfinger und kleinem Finger verstärkt, über dem Handrücken breit genug sein und sollten aus pflegeleichtem, haltbarem Material bestehen.
?	**Was ist zur sonstigen Bekleidung des Reiters zu sagen?**	✓	Die Oberbekleidung muss zweckentsprechend, das heißt der Witterung angepasst und bequem sein (bei längeren Ritten auf keinen Fall den Regenschutz vergessen!). Die Unterwäsche sollte keine Nähte am Gesäß und an der Innenseite der Schenkel haben und keinesfalls zu eng im Schritt sein.
?	**Welche Länge sollte die Reitgerte haben?**	✓	Sie sollte etwa einen Meter lang, also weder zu lang noch zu kurz sein, damit sie ohne Behinderung von Pferd, Reiter oder Mitreiter zur Verstärkung der treibenden Hilfen benutzt werden kann.
?	**Nach welchen Gesichtspunkten werden die Sporen gewählt?**	✓	Am günstigsten sind kurze stumpfe Sporen, da von ihnen die geringste Verletzungsgefahr für das Pferd ausgeht. Bei Radsporen muss darauf geachtet werden, dass die Rädchen sich drehen und nicht blockiert werden können. Unbedingt zu vermeiden sind spitze, grobzackige Sporen.
?	**Wie werden die Sporen angeschnallt?**	✓	Entsprechend der Beinlänge des Reiters, das heißt, ein Reiter mit kurzen Beinen schnallt die Sporen tiefer als ein Reiter mit langen Beinen. Hat der Reiter lange Beine, dürfen auch die Sporenhälse länger sein als bei kurzen Beinen. Die Sporen werden parallel zur Sohle angeschnallt, die Krümmung des Sporenhalses zeigt nach unten (s. Abb. links).

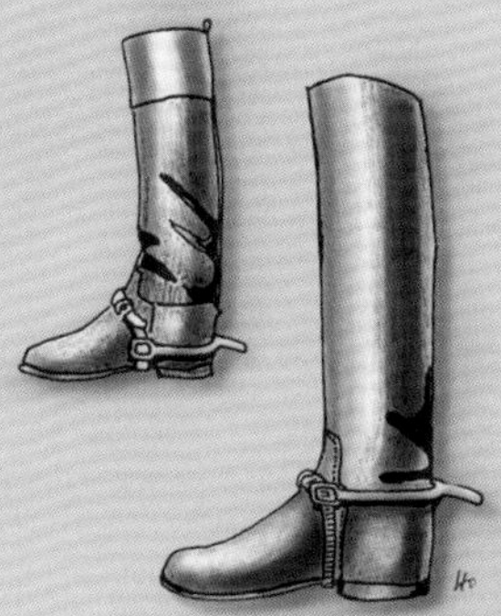

Reiter mit kurzen Beinen schnallen die Sporen tiefer, Reiter mit langen Beinen entsprechend höher.

WISSENS-**CHECK** AUSRÜSTUNG DES PFERDES

?	Frage	✓	Antwort
?	**Welche Arten von Sätteln unterscheidet man?**	✓	Dressur-, Spring- und Vielseitigkeitssättel (s. Abb. unten). Außerdem gibt es diverse Spezialsättel, wie Rennsättel, Gangpferdesättel, iberische Sättel, Wanderreitsättel, Damenreitsättel.
?	**Welcher Sattel ist für den Freizeitsport am geeignetsten?**	✓	Der für alle Zwecke gedachte Vielseitigkeitssattel.
?	**Welches sind die einzelnen Teile eines Sattels?**	✓	Siehe Abb. rechts.
?	**Worauf ist beim Verpassen des Sattels zu achten?**	✓	Er muss der Größe von Pferd und Reiter angepasst sein. Der tiefste Punkt muss in der Mitte der Sitzfläche liegen. Die Sattelkammer muss so hoch sein, dass sie dem Widerrist genügend Freiheit gibt (sonst Gefahr des Satteldrucks!). Der Sattel muss an allen Punkten gleichmäßig aufliegen.

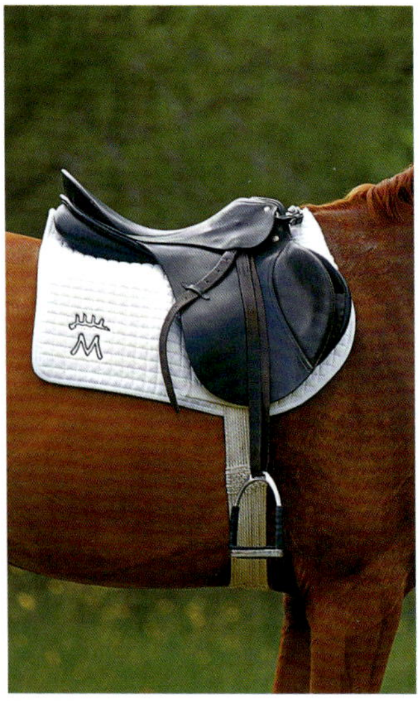

Springsattel mit Schnurengurt

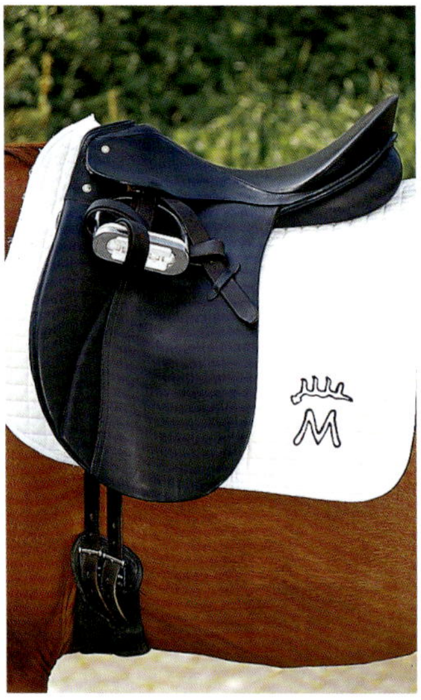

Dressursattel mit Kurzgurt

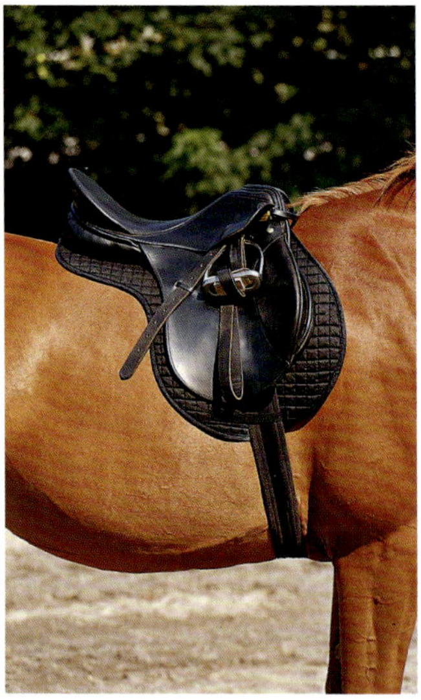

Vielseitigkeitssattel mit Neoprengurt

?	Frage	✓	Antwort
?	**Wie sollte die Sattelunterlage beschaffen sein?**	✓	Sie sollte aus möglichst schweißsaugendem und pflegeleichtem Material bestehen.
?	**Was ist beim Sattelgurt zu beachten?**	✓	Er besteht aus Leder, Kunststoff oder Schnurengarn und kann ein elastisches Endstück haben. Er muss breit genug sein und gute, intakte Schnallen sowie einen Umschlag von etwa sechs Zentimetern haben (Umschlag nennt man bei Ledergurten das vernähte Ende an der Gurtschnalle). Der Ledergurt muss aus starkem, gutem Leder bestehen und bedarf gründlicher Pflege, damit er nicht hart wird und Druckstellen erzeugt.
?	**Was ist über die Beschaffenheit der Steigbügel zu sagen?**	✓	Sie müssen schwer und breit sein, damit sie leicht und schnell aufgenommen wie auch losgelassen werden können. Letzteres ist vor allem bei Stürzen wichtig! Dazu gehört auch, dass die Sturzfeder gut aufgeht und beim Sturz sofort ausklinkt.
?	**Wie ist der Sattel zu pflegen?**	✓	Die Lederteile mit Ausnahme der Satteloberfläche sollten nach jedem Ritt mit Sattelseife und einmal in der Woche mit Sattelfett behandelt werden. Die Steigbügelriemen werden durch die Behandlung mit Lederöl geschmeidig gehalten.

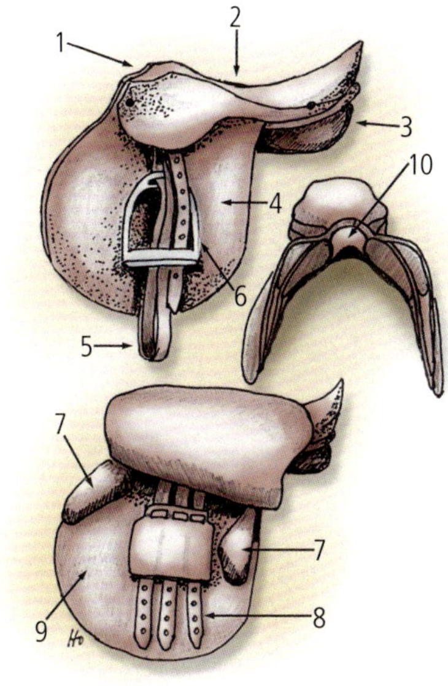

Einzelteile des Sattels und Stellen, auf die beim Anpassen besonders zu achten sind: 1 Sattelkammer, 2 Sitzfläche, tiefster Punkt in der Mitte des Sattels; 3 Sattelpolster; 4 Sattelblatt; 5 Steigbügelriemen, 6 Steigbügel; 7 Pauschen; 8 drei Gurtstrippen; 9 Schweißblatt; 10 Sattelkammer so hoch, dass der Widerrist genügend Freiheit hat.

WISSENS-CHECK

?	Frage	✓	Antwort
?	**Welche Arten von Gebissen sind zu empfehlen?**	✓	Dicke Trensengebisse (mindestens 16 Millimeter am Maulwinkel): Wassertrensen- und Olivenkopftrensengebisse.
?	**Welche Arten von Reithalftern können verwendet werden?**	✓	Das Hannoversche, das Englische, das Englische Reithalfter mit Sperrriemen (Kombiniertes Reithalfter) und das Mexikanische Reithalfter (s. Abb. unten).
?	**Welche Hilfszügel sind sinnvoll?**	✓	Ausbinder, Dreieckszügel, Martingal.
?	**Welche Hilfszügel dürfen im Gelände verwendet werden und was ist dabei zu beachten?**	✓	Nur das Martingal, das lang genug geschnallt sein muss.
?	**Wie sollte das Stallhalfter beschaffen sein?**	✓	Am besten ist ein stabiles Lederhalfter, weil es nicht einschneiden und nicht verrutschen kann und weil es haltbar ist.
?	**Welchen Zweck erfüllen Bandagen, Gamaschen und Sprungglocken?**	✓	Sie bieten vor allem Schutz vor Verletzungen an den Beinen.
?	**Wofür braucht man eine Pferdedecke?**	✓	An kühlen Tagen, vor allem bei Pausen im Freien, und für geschorene Pferde. Bei Pferden, die nachschwitzen, sollte man wegen der Luftzirkulation Stroh unter die Decke legen. Wichtig ist ein geeigneter Deckengurt, der nicht auf den Widerrist drücken darf.

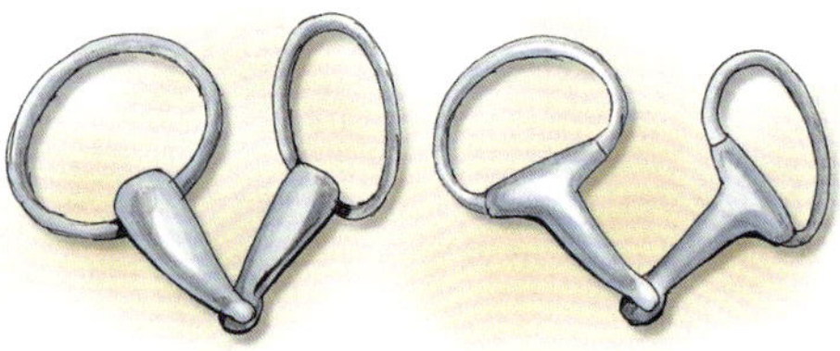

Links: einfach gebrochenes Wassertrensengebiss
Rechts: Olivenkopftrensengebiss

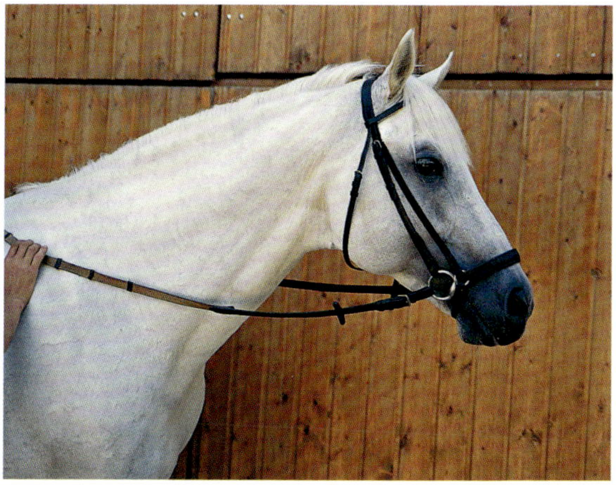

Hannoversches Reithalfter

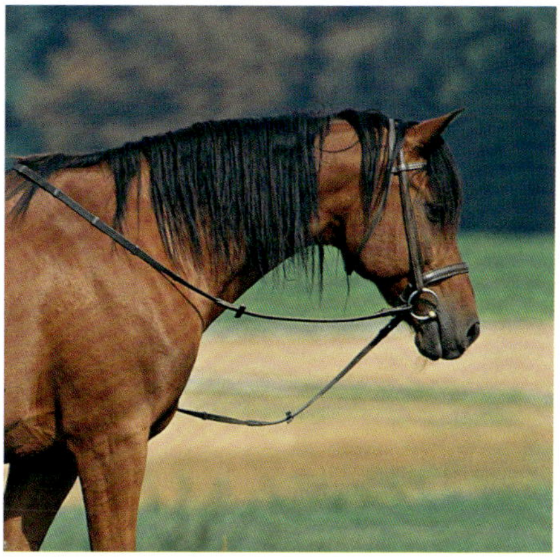

Englisches Reithalfter

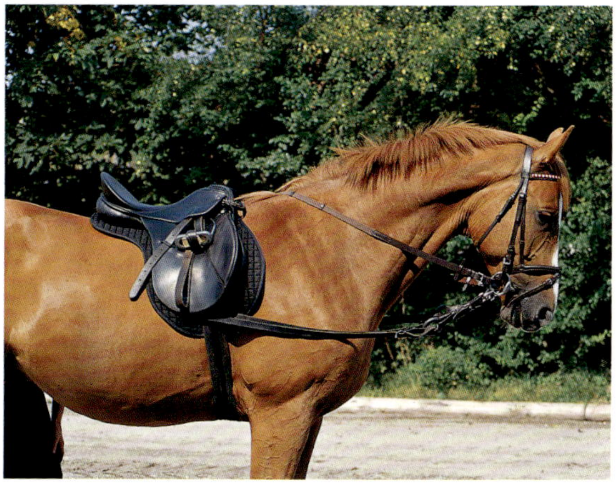

Ausbinder, hier verwendet mit einem kombinierten Reithalfter.

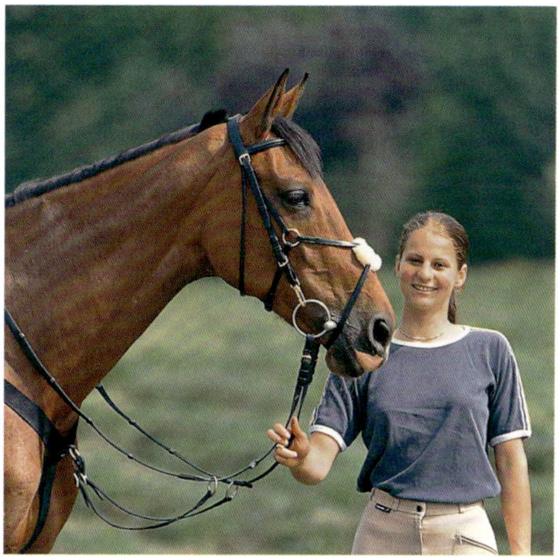

Mexikanisches Reithalfter

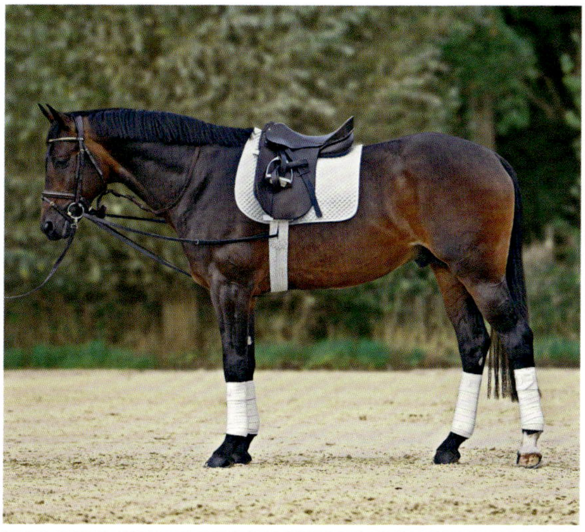

Dreieckszügel

DREIECKSZÜGEL

Der Dreieckszügel besteht aus einem 2,50 bis 2,75 Meter langen Zügel, der sich teilt; an beiden Enden befinden sich schnallbare Schlaufen, mit denen er zwischen den Vorderbeinen am Gurt befestigt wird. Die geteilten Enden laufen jeweils von innen nach außen durch die Trensenringe und wieder zurück zum Sattelgurt.

☞ WISSENS-CHECK VERLADEN, TRANSPORT, UNFALLVERHÜTUNG

?	**Was ist vor dem Verladen zu kontrollieren?**	✓	Das richtige Einrasten der Kupplung, ob die Handbremse gelöst ist und ob Bremslicht, Blinker und Auflaufbremse funktionieren. Die Verladerampe und der Boden davor müssen rutschfest sein.
?	**Was ist beim Einladen zu beachten?**	✓	Die Führperson geht, ohne am Strick zu ziehen, links vom Pferd voraus und rechnet damit, dass das Pferd einen Satz nach vorn machen kann. Das Pferd muss gerade die Rampe hinaufgehen, damit es nicht seitlich heruntertreten kann.
?	**Was ist beim ersten Verladen eines Pferdes zu beachten?**	✓	Möglichst vor dem Ernstfall das Verladen in Ruhe üben. Vorderbeine auf die Rampe stellen und mit Hafer oder Möhren locken. Auf beiden Seiten der Rampe sollten Helfer stehen.
?	**Was kann bei hartnäckiger Weigerung des Pferdes getan werden?**	✓	Man hilft mit zwei Longen nach, die rechts und links am Transporter befestigt und von zwei Helfern hinter dem Pferd gekreuzt werden. In gleicher Weise kann man auch, eventuell zusätzlich zu den Longen, zwei Hindernisstangen benutzen.
?	**Worauf ist zu achten, wenn das Pferd auf dem Hänger steht?**	✓	Man hängt sofort die hintere Stange ein und bindet erst danach das Pferd an.
?	**Was ist beim Fahren mit dem Hänger besonders wichtig?**	✓	Ruckartiges Bremsen und Anfahren sowie scharfes oder zu schnelles Fahren von Kurven vermeiden, bei Ampeln den langen Bremsweg einkalkulieren.
?	**Wie wird beim Ausladen vorgegangen?**	✓	Das Pferd zuerst losbinden, dann die hintere Querstange ganz herausnehmen (sonst besteht Verletzungsgefahr!), das Pferd langsam, mit geradem Kopf und Hals, geradeaus rückwärts die Rampe hinunterführen. Möglichst Hilfspersonen an beiden Seiten aufstellen.
?	**Was ist beim Anbinden zu beachten?**	✓	Der Strick sollte mit einem Panikhaken versehen sein. Das Pferd sollte immer mit einem Sicherheitsknoten angebunden werden (siehe Fotos auf Seite 69).

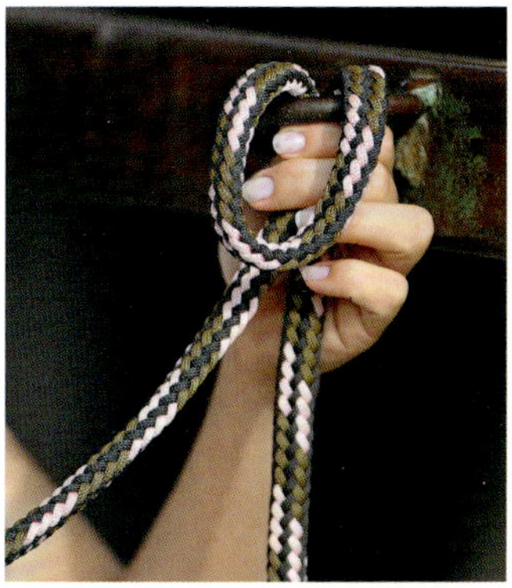

01

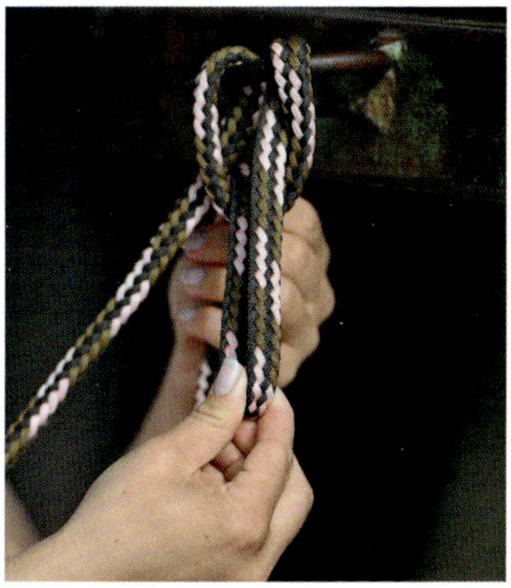

02

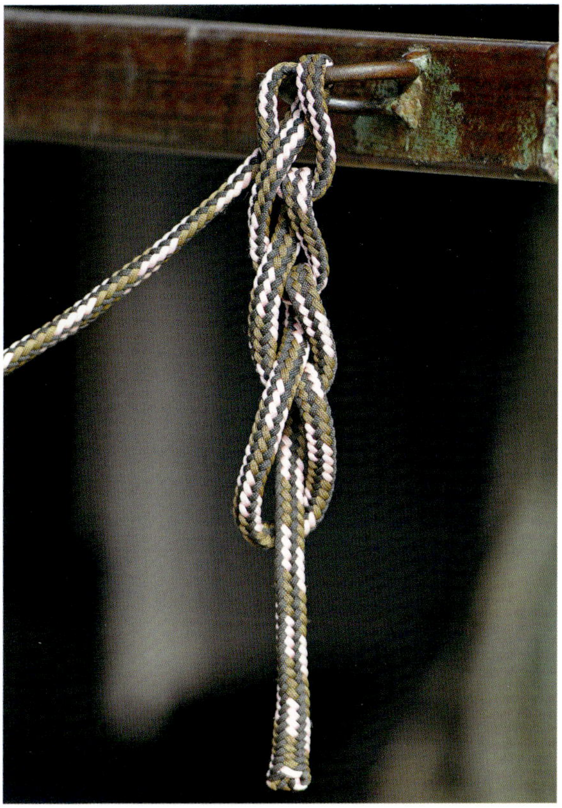

03

01 So entsteht ein sicherer Anbindeknoten: Zunächst wird eine Schlaufe durch den Anbindering gezogen.

02 Durch diese Schlaufe wird vom herunterhängenden Strick wieder eine neue Schlaufe geführt.

03 Das wird mehrmals wiederholt. Das Strickende sichert die letzte Schlaufe.

04 Der Strick ist zum Pferd hin fest, aber im Notfall von unten mit einem Griff zu öffnen.

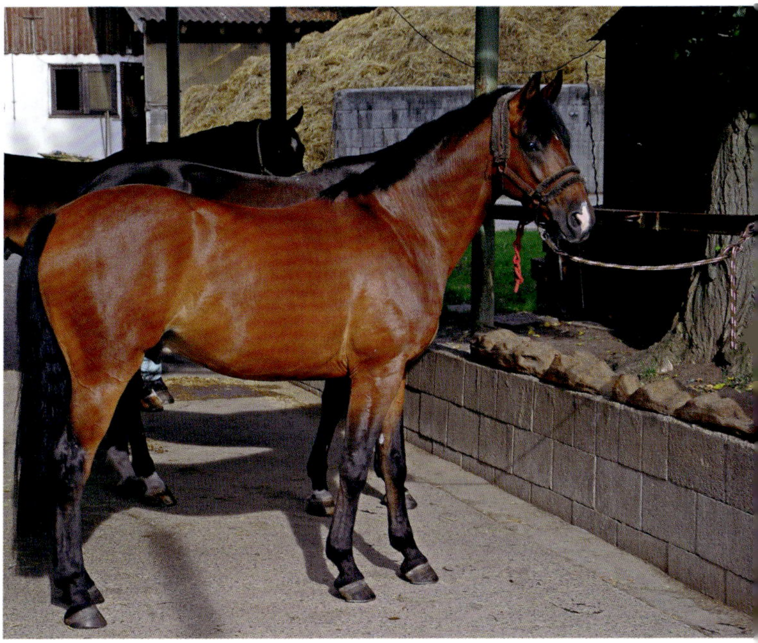

04

ERSTE HILFE FÜR REITER UND PFERD

Im Gegensatz zu Rasten bei längeren Ausritten gilt bei Unfällen oder Notfällen der Grundsatz: Erst der Reiter, dann das Pferd! So kümmert man sich nach einem schweren Sturz zuerst um den verletzten Reiter.

SOFORTMASSNAHMEN AM UNFALLORT

Beim betroffenen Reiter werden zuerst Bewusstsein, Atmung und Puls (BAP) überprüft! Ist der Reiter bei Bewusstsein, also ansprechbar und orientiert, wird er vorsichtig, ohne seine Lage zu verändern, vom Kopf bis zu den Füßen auf Verletzungen untersucht. Besteht der Verdacht auf eine Wirbelsäulenverletzung, darf er **nicht bewegt** werden! Sorgen Sie stets für ausreichenden Wärmeerhalt des Betroffenen! Stark blutende Wunden werden durch einen Druckverband gestillt.
Es ist zwingend erforderlich, dass mindestens ein Mitglied der Gruppe im Gelände ein Handy bei sich führt! Nur so ist es möglich, in einem Notfall die vielleicht lebenswichtige Rettung anzufordern.
Bei Anforderung des Rettungsdienstes über die Nummer 112 sollte eine kurze präzise Schilderung erfolgen, für die man sich die folgenden fünf W-Fragen einprägt:

- **Wo** ist es passiert?
- **Was** ist passiert?
- **Wie** viele Verletzte bzw. Erkrankte?
- **Welche** Arten von Verletzungen bzw. Erkrankungen?
- **Warten** auf Rückfragen!

Um dem Rettungsdienst ein schnelles Erreichen der Einsatzstelle im Gelände zu ermöglichen, sollten Einweiser positioniert sein. Die Leitstelle muss darüber informiert werden, ab welcher Stelle der Rettungsdienst eingewiesen wird. Prägnante örtliche Gegebenheiten oder Hausnummern (z. B. der Bauernschaften) sind sehr hilfreich.
Wenn dem Reiter nichts passiert bzw. er bereits versorgt ist, kümmert man sich um das Pferd und leistet ihm, falls es verletzt ist, Erste Hilfe, bis es vom Tierarzt behandelt werden kann.
Einem weglaufenden Pferd darf auf keinen Fall nachgejagt werden: Es würde sich zum Wettrennen angespornt fühlen und wäre dann ohne das Reitergewicht immer schneller. Ein Reiter (nicht die ganze Gruppe!) reitet dem frei laufenden Pferd in gehörigem Abstand nach, wartet, bis es stehen bleibt, reitet mit beruhigender Stimme im Schritt heran und versucht, mit langsamen Bewegungen die Zügel zu fassen. Läuft ein Pferd allerdings panikar-

TIPP
Der Besuch eines **Kurses in Erster Hilfe** wird zwar für die Prüfung nicht verlangt, ist aber dringend anzuraten und wird von Hilfsorganisationen in ihrer Nähe regelmäßig angeboren.

Bewusstsein	nicht vorhanden →	**Stabile Seitenlage**
Atmung	nicht vorhanden →	**Beatmung**
Puls	nicht vorhanden →	**Wiederbelebung mit 2 Beatmungen beginnen**

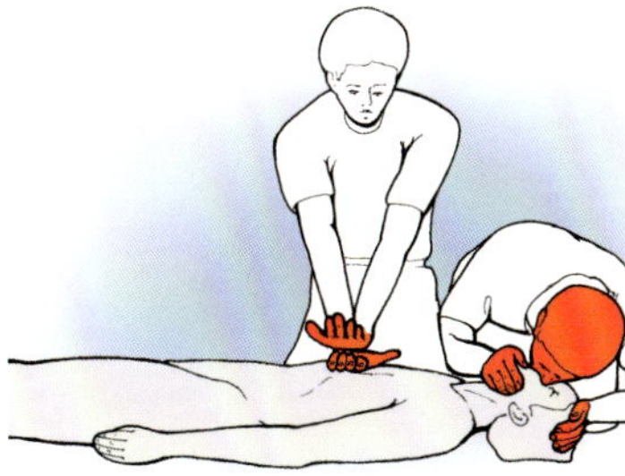

Die stabile Seitenlage:

Unterlegen des Armes

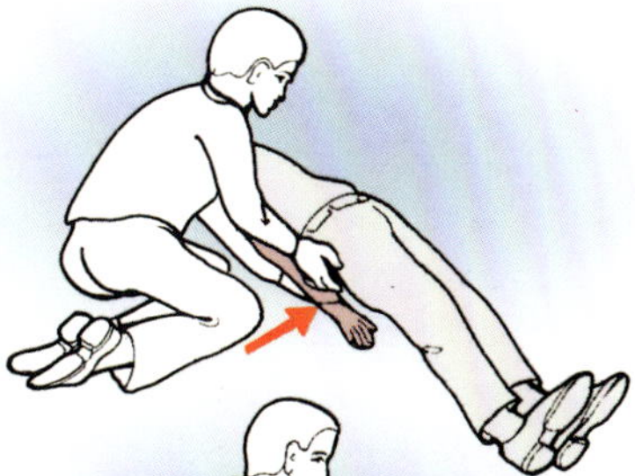

Beugen des Beines

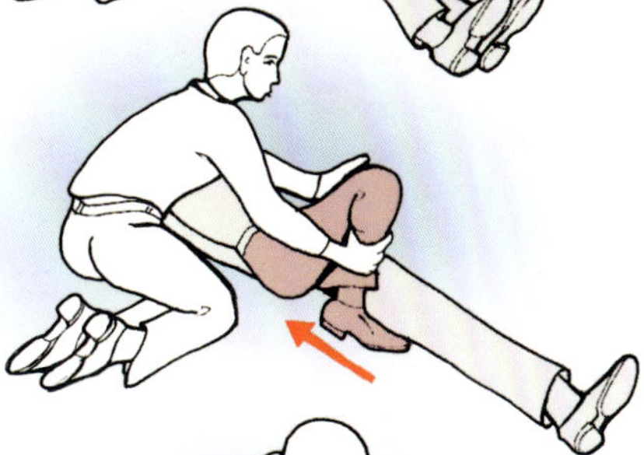

Herüberziehen des Patienten

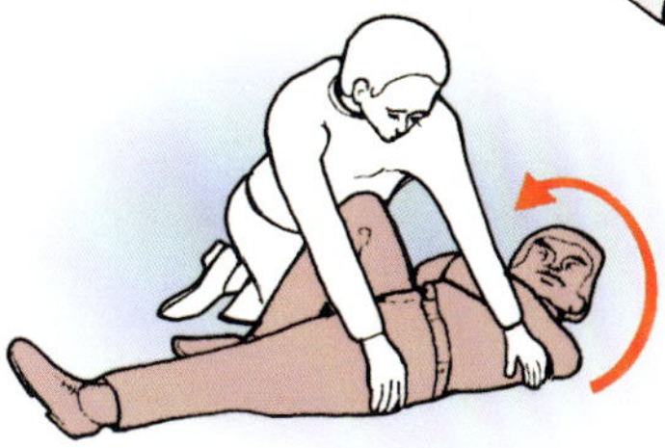

Überstrecken des Kopfes

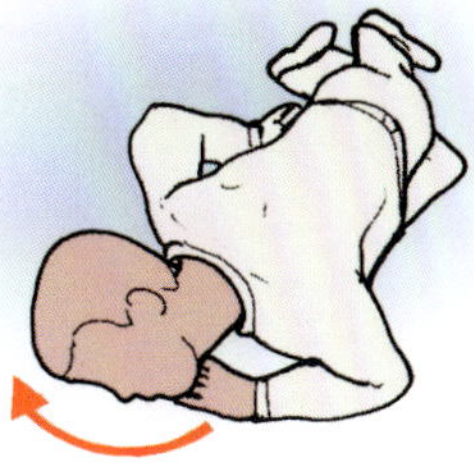

Anwinkeln des Armes

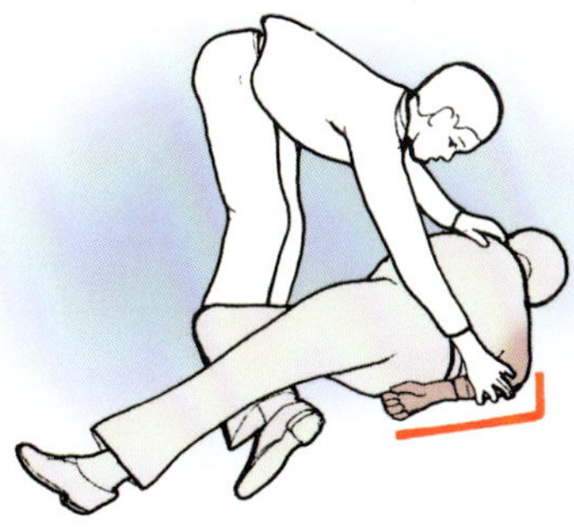

DRUCKVERBAND

Sehr ratsam ist es, dass einer der Reiter das notwendigste Verbandszeug bei sich hat! Ist kein Verbandszeug zur Hand, kann ein sauberes Stück Stoff (fusselfrei) zum Abdecken des Wundareals verwendet werden. Mit Hilfe eines Riemens, der am betroffenen Wundbereich unterpolstert wurde und somit Druck auf die abgedeckte Fläche ausübt, kann alternativ auch eine Blutung zum Stillstand gebracht werden. Nach Möglichkeit sollten keine weiteren Keime in die Wunde gelangen!

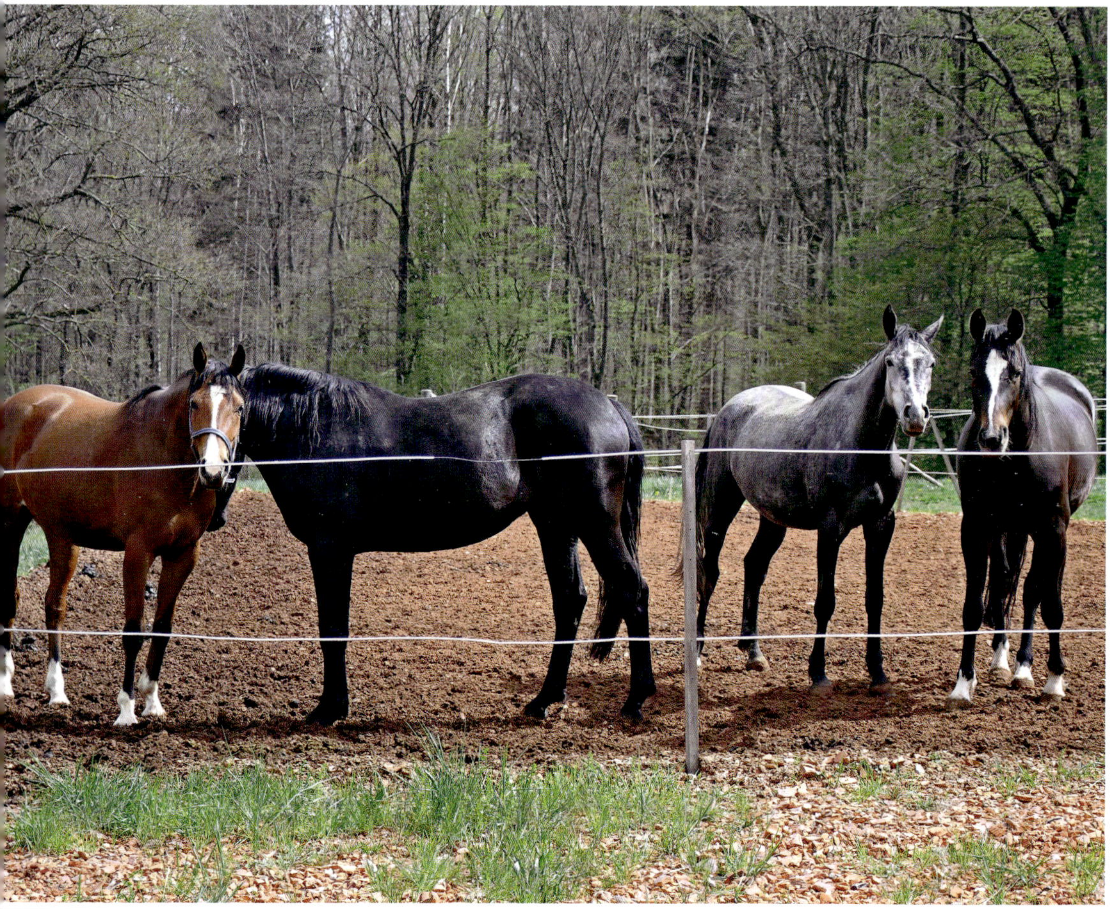

Bei einer Pause während eines längeren Ritts ist ein solcher provisorischer Zaun bei gleichzeitiger Beobachtung der Pferde geeignet, als dauerhafter Weidezaun reicht er nicht aus..

tig davon, sollten Polizei und Verkehrsfunk benachrichtigt werden!
Bei blutenden Wunden ist ein Druckverband zweckmäßig. Stark blutende Verletzungen an den Beinen werden mit Hilfe eines Riemens, der am Wundbereich unterpolstert ist, abgedeckt. Wenn ein Pferd stark lahmt, sitzt der Reiter sofort ab und führt es nach Hause. Sehen Sie nach, ob sich in einem der Hufe ein Stein verklemmt oder ein Nagel eingetreten hat. Der eingetretene Nagel darf nur dann herausgezogen werden, wenn ein starkes Desinfektionsmittel zur Hand ist. Bewahren Sie den Nagel für den Tierarzt auf und merken Sie sich genau, wie tief und in welche Richtung er eingedrungen war.

Wenn ein Pferd unterwegs Giftpflanzen gefressen hat (siehe Umschlagklappe), so sollte man sich die Art der Pflanze merken, um sie dem Tierarzt zu nennen. Um die Pflanze zu kennzeichnen, ist es wichtig, sich die Namen der Giftpflanzen einzuprägen (vgl. Umschlag). Am sichersten ist es, einen Teil der Pflanze (Blatt, Zweig) mitzunehmen.
Zu den für Pferde giftigen Pflanzen zählen: Bilsenkraut, Buchsbaum, Eibe, Eisenhut, Frühlings-Adonisröschen, Gewöhnlicher Goldregen, Gelber Fingerhut, Großblütiger Fingerhut, Gift-Wasserschierling, Gewöhnliche Osterluzei, Herbstzeitlose, Jakobs-Kreuzkraut, Liguster, Maiglöckchen, Robinie, Roter Fingerhut, Schöllkraut, Tollkirsche.

RECHTSVORSCHRIFTEN

Beim Reiten im Gelände sind eine Menge gesetzlicher Regelungen zu beachten. Betroffen sind die Straßenverkehrsordnung, das Bundeswaldgesetz, das Bundesnaturschutzgesetz bis hin zu Regelungen auf Landesebene, die in den einzelnen Bundesländern unterschiedlich sein können.

TIERSCHUTZGESETZ

Das heute gültige Tierschutzgesetz ist 1972 erlassen worden, um Leben und Wohlergehen von Tieren als Mitgeschöpfe zu schützen. Seit 2002 ist der Tierschutz auch im deutschen Grundgesetz verankert, 2013 gab es eine Novellierung des Tierschutzgesetzes.

GEBOTE

Der Halter eines Tieres hat für dessen artgemäße Nahrung, Pflege, Unterbringung und Bewegung zu sorgen. Auch muss jeder Einsatz von Medikamenten muss mit dem Tierarzt abgeklärt werden. Ein Wirbeltier darf nur unter Betäubung oder sonst, soweit nach den gegebenen Umständen zumutbar, nur unter Vermeidung von Schmerzen getötet werden. Eingriffe, die mit Schmerzen verbunden sind, müssen unter Betäubung vorgenommen werden.

VERBOTE

Es ist verboten: einem Tier ohne vernünftigen Grund Schmerzen, Leiden oder Schäden zuzufügen; einem Tier, außer in Notfällen, Leistungen abzuverlangen, denen es offensichtlich nicht gewachsen ist; ein gebrechliches, krankes oder altes Tier zu einem anderen Zweck als zur unverzüglichen schmerzlosen Tötung zu veräußern oder zu erwerben; einem Tier Futter zu geben, das ihm Schmerzen, Leiden oder Schäden verursacht.

☞ WISSENS-**CHECK** TIERSCHUTZGESETZ

?	**Was besagt der erste Paragraph des Tierschutzgesetzes?**	✓	Dass es verboten ist, einem Tier ohne vernünftigen Grund Schmerzen, Leiden und Schäden zuzufügen.
?	**Was sind die Höchststrafen für einen Verstoß gegen das Tierschutzgesetz?**	✓	Freiheitsstrafen bis zu drei Jahren und Geldstrafen bis zu 25.000 Euro.

DIE ABZEICHEN — *nach dem Pferdeführerschein Reiten*

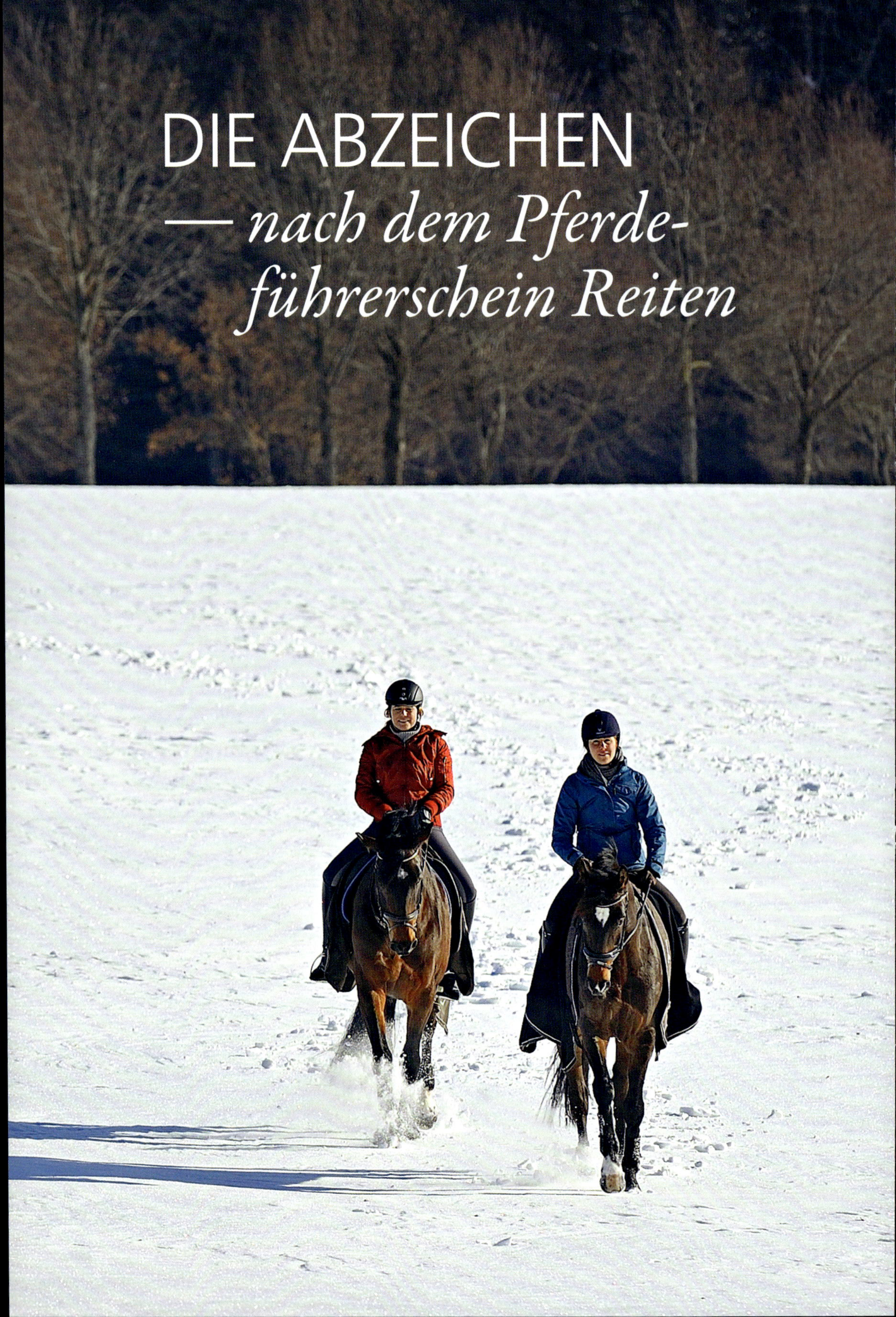

FÜR DAS REITEN IM GELÄNDE

Die folgenden Abzeichen bauen auf dem Pferdeführerschein Reiten auf, der Grundlage und Voraussetzung für ihren Erwerb ist. In den Bereichen Wanderreiten und Jagdreiten gibt es zwei Stufen von Abzeichen, im Distanzreiten sogar drei.

In allen Abzeichen werden die Stationsprüfungen theoretisch und/oder praktisch absolviert. Darüber hinaus gibt es bei den Reitabzeichen ab Stufe 5 disziplinspezifisch das „RA Geländereiten".

WANDERREIT-ABZEICHEN STUFE 1

(vgl. APO S. 200f.)

Aufgabe des Wanderreitabzeichens Stufe 1 ist es:

— grundlegende Kenntnisse für das Zurücklegen längerer Strecken zu Pferde (mehrstündige Ausritte, Tagesritte) zu vermitteln und zu überprüfen

— den Bewerber für die Beurteilung des Zustands des Pferdes, für sicherheitsorientiertes Verhalten und das Vorgehen in Notsituationen zu schulen.

Voraussetzungen für die Zulassung zur Prüfung sind:

— ein Mindestalter von zwölf Jahren

— ein Kurs über Sofortmaßnahmen am Unfallort

— die bestandene Prüfung zum Pferdeführerschein Reiten

— Teilnahme an einem Vorbereitungslehrgang.

Beim Wanderreitabzeichen Stufe 1 und Stufe 2 sowie beim Jagdreitabzeichen Stufe 1 und Stufe 2 besteht die Prüfung aus zwei Teilprüfungen, die an einem Tag bzw. an zwei aufeinanderfolgenden Tagen abzulegen sind.

Es werden folgende **Anforderungen** gestellt und theoretisch und/oder praktisch geprüft:

1. PRAXIS:

— Vormustern des gesattelten und gezäumten Pferdes analog einer Verfassungsprüfung

— Vorstellen eines geeigneten Pferdes auf dem Außenplatz (nach Anweisung)

— Lösen einer Orientierungsaufgabe im Gelände (Streckenritt, ca. drei Stunden) – gruppenweise, Verfassungsprüfung.

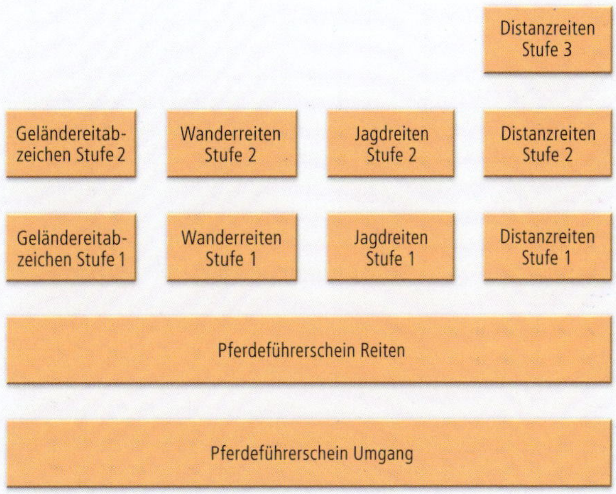

2. STATIONSPRÜFUNGEN

Überprüfung der Handlungsfähigkeiten:

Station 1:

— Grundkenntnisse in Pferdekunde und Pferdehaltung unter besonderer Berücksichtigung der Versorgung des Pferdes unterwegs (inklusive PAT-Werten – Puls, Atmung, Temperatur – und ihrer Aussage, Erkennen von Krankheiten und zu ergreifender Maßnahmen, Beurteilung des Hufbeschlags).

Station 2:

— Grundkenntnisse des Reitens inklusive Ausrüstung des Pferdes und Anzug des Reiters für mehrstündige Ausritte

— Orientierung im Gelände (inklusive Umgang mit topographischen Karten, Einsatz von Messrad und Kompass), Wetterkunde (grundlegende Kenntnisse, Verhalten bei Gewitter usw.)

— Richtiges Verhalten im Straßenverkehr und in Feld und Wald unter Beachtung der gesetzlichen Bestimmungen, Transport von Pferden, Kenntnis der einschlägigen Bestimmungen des Tierschutzgesetzes

— Verhalten bei Unfällen.

PRÜFUNGSORT, GEBÜHREN

1. Die Prüfung kann von Reitvereinen sowie Pferdebetrieben, die dem Niveau eines FN-gekennzeichneten Betriebes entsprechen, mit Genehmigung des LV (Landesverband der Reit- und Fahrvereine) bzw. der LK (Landeskommission für Pferdeleistungsprüfungen) durchgeführt werden. Ein entsprechender Vorbereitungslehrgang ist durchzuführen (siehe FN-Merkblatt). Die Durchführung des Lehrgangs muss mindestens durch einen Trainer C, B, A-Reiten mit gültiger DOSB (Deutscher Olympischer Sportbund), BLSV (Bayerischer Landes-Sportverband)-Trainerlizenz bzw. Pferdewirt Fachrichtung Klassische Reitausbildung mit gültiger DOSB-Lizenz oder gültigem Fortbildungsnachweis der BBR (Bundesvereinigung der Berufsreiter) bzw. Pferdewirtschaftsmeister-Teilbereich Reitausbildung erfolgen.
2. Die Prüfung darf nicht in Verbindung mit einer Breitensportveranstaltung/Pferdeleistungsschau abgehalten werden.
3. Die Gebühren für die Prüfung sind an den Veranstalter zu entrichten.

PRÜFUNGSKOMMISSION

1. Der Prüfungskommission müssen zwei Personen angehören, entweder zwei Richter oder ein Richter und ein Prüfer Breitensport.

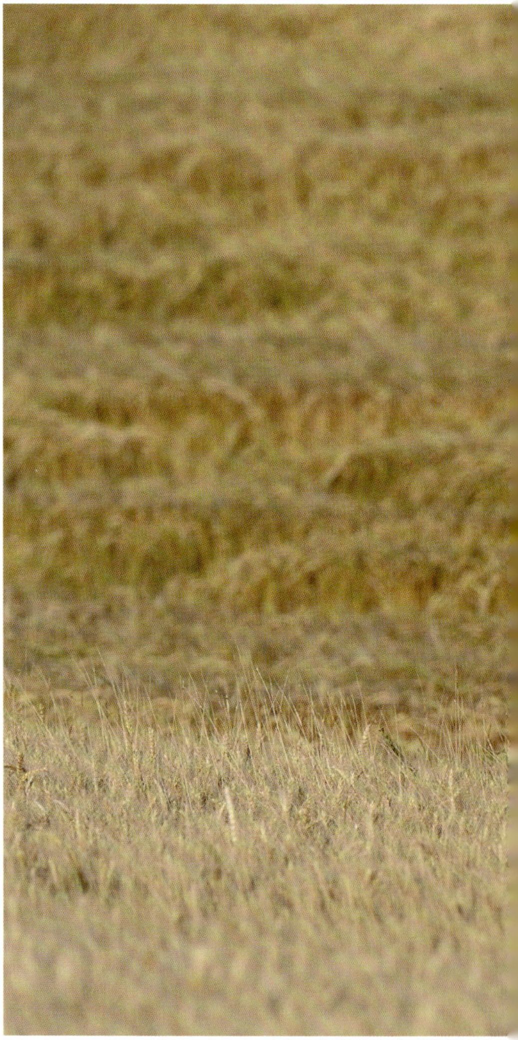

2. Der LV bzw. die LK beruft wenigstens ein Mitglied der Prüfungskommission.
3. Prüfer und Veranstalter sind gemeinsam dafür verantwortlich, dass keine Besorgnis der Befangenheit (z. B. Verwandtschaft, Besitzer, Ausbilder, Arbeitgeber-, Arbeitnehmerverhältnis, wirtschaftliche Beziehungen) geltend gemacht werden kann.

PRÜFUNGSERGEBNIS

1. Das Prüfungsergebnis in den beiden Prüfungsteilen lautet jeweils „bestanden" oder „nicht bestanden".
2. Der Bewerber muss in beiden Prüfungsteilen „bestanden" erreichen.

WIEDERHOLUNG DER PRÜFUNG:

Eine nicht bestandene Prüfung kann wiederholt werden. Über die eventuelle Anrechnung eines Prüfungsteils entscheidet die Prüfungskommission.

URKUNDE, ABZEICHEN:

Nach bestandener Prüfung händigt die Prüfungskommission im Auftrag der FN eine Urkunde und ein Abzeichen aus.

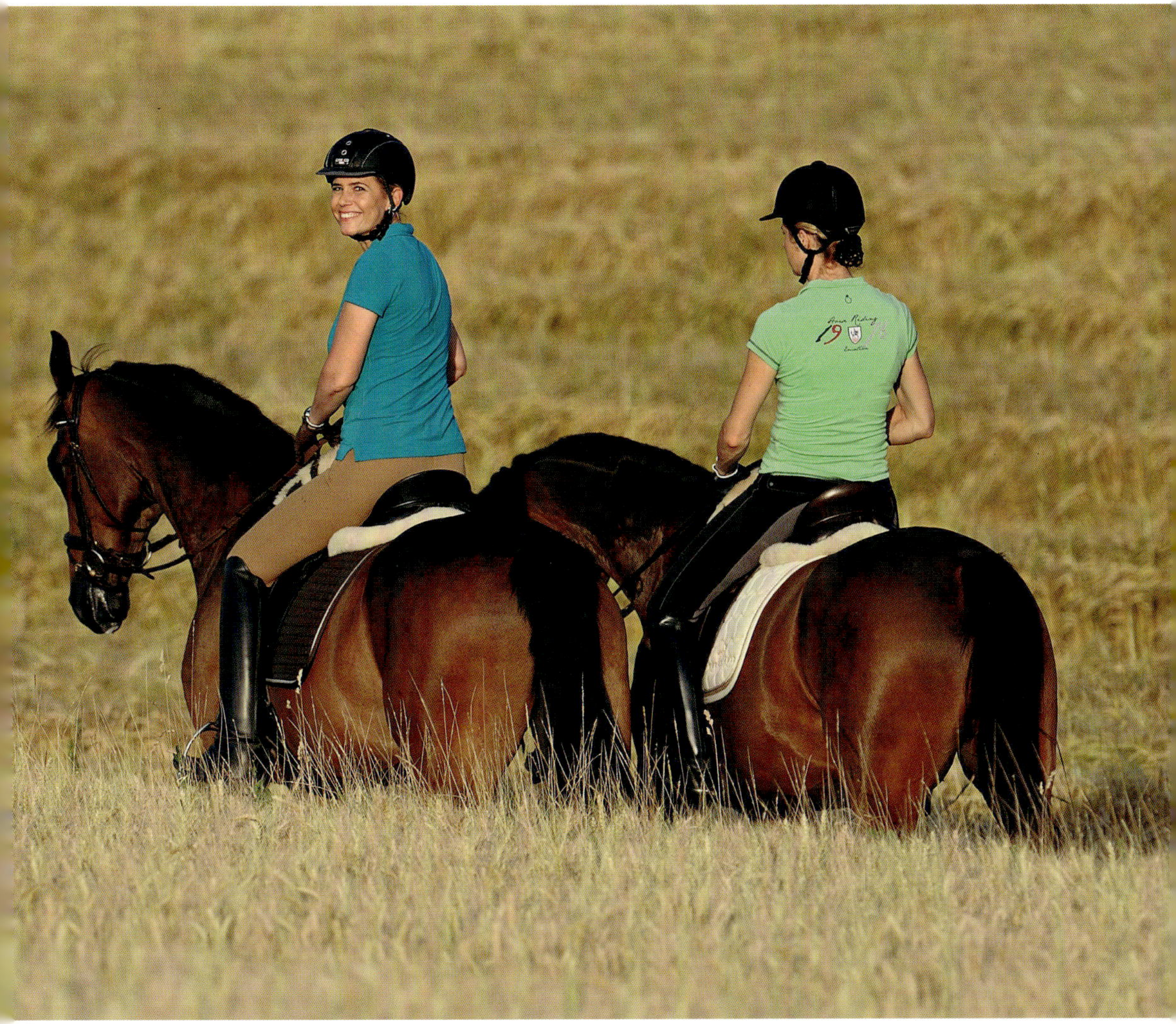

WANDERREIT-ABZEICHEN STUFE 2

Aufgabe des Wanderreitabzeichens Stufe 2 ist es:
- die in Stufe 1 erworbenen Kenntnisse zu vertiefen
- grundlegende Fertigkeiten in der Planung von Wanderritten zu vermitteln.

Voraussetzungen für die Zulassung sind:
- ein Mindestalter von 14 Jahren
- die bestandene Prüfung zum Wanderreitabzeichen Stufe 1
- Teilnahme am Vorbereitungslehrgang.

Es werden folgende **Anforderungen** gestellt:

1. PRAXIS:
- Vormustern des gesattelten und gezäumten Pferdes analog einer Verfassungsprüfung
- Teilnahme an einem mehrtägigen Wanderritt (mindestens zwei Tage) inklusive selbständiges Lösen einer Orientierungsaufgabe im Gelände nach vorgegebenem Tempo (zwei bis drei Reiter) und Übernachtung (sorgfältiges Versorgen des Pferdes), Verfassungsprüfung
- Absolvieren eines Gelände-Geschicklichkeitsparcours.

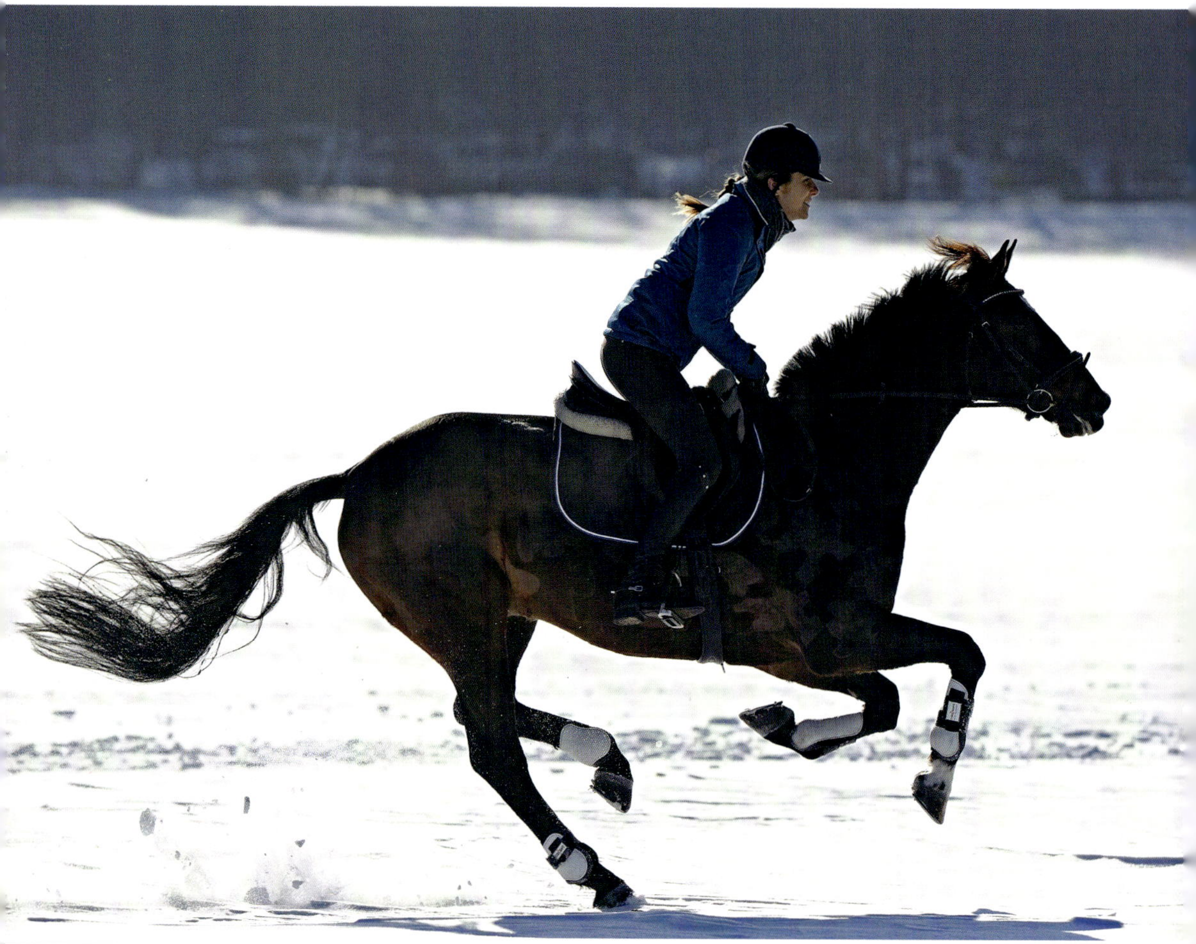

Für viele Reiter gibt es nichts Schöneres als einen flotten Galopp im Gelände.

2. STATIONSPRÜFUNGEN:

— Wie Stufe 1, vertiefend jedoch noch zusätzlich:

Station 1:

— Planung von Ritten unter Berücksichtigung der Leistungsfähigkeit der Pferde in unterschiedlichem Gelände, gezielte Vorbereitung auf mehrtägige Wanderritte.

Station 2:

— Ausrüstung des Pferdes und Anzug des Reiters bei mehrtägigen Wanderritten (inkl. Übernachtung, Einsatz von transportablen Weidezäunen)
— Orientierung im Gelände, Beurteilen des passenden Tempos, Einhalten von Tempovorgaben, Wetterkunde vertiefend (z. B. Beurteilung von Wolkenformationen)
— Reiterlicher Natur- und Umweltschutz, Schutzkategorien und Konsequenzen
— Zusammenstellen einer Notapotheke, Erste Hilfe bei Reiter und Pferd.

Die übrigen Bestimmungen zur Durchführung der Prüfung sind identisch mit denen für das Wanderreitabzeichen Stufe 1.

JAGDREITABZEICHEN STUFE 1

(vgl. APO S. 210f.)

Aufgabe des Jagdreitabzeichens Stufe 1 ist es:

— grundlegende Kenntnisse für die Teilnahme an einer Meute-Jagd im springenden Feld zu vermitteln und zu überprüfen
— den Bewerber für die Beurteilung des Zustands des Pferdes, für sicherheitsorientiertes Verhalten zu schulen.

Voraussetzungen für die Zulassung zur Prüfung sind:

— ein Mindestalter von zwölf Jahren
— ein Vorbereitungslehrgang sowie der Pferdeführerschein Umgang.

Es werden folgende **Anforderungen** gestellt:

1. PRAXIS:

— Geordnetes Reiten in der Gruppe im Gelände, Gruppengalopp in mehreren Tempi (inklusive Jagdgalopp) und Überwinden von natürlichen Hindernissen.

2. STATIONSPRÜFUNGEN:

Station 1:

— Grundkenntnisse in Pferdekunde, Pferdehaltung unter besonderer Berücksichtigung der Versorgung der Pferde, der Kondition und des Allgemeinzustandes an Stopps.

Station 2:

— Grundkenntnisse des Reitens inklusive Ausrüstung des Pferdes und Anzug des Reiters beim Jagdreiten.

Station 3:

— Aufgabe, Wesen und Verhalten der Hunde im Jagdfeld unter Berücksichtigung von Sicherheit und Tierschutz, Aufgaben der Funktionsträger, jagdliches Brauchtum (inklusive Etikette, Hornsignale, Hunderassen).

Station 4:

— Richtiges Verhalten im Straßenverkehr und in Feld und Wald unter Beachtung der gesetzlichen Bestimmungen, Transport von Pferden, Kenntnis der einschlägigen Bestimmungen des Tierschutzgesetzes
— Verhalten bei Unfällen.

Die Bestimmungen zur Durchführung der Prüfung entsprechen denen des Wanderreitabzeichen mit Ausnahme folgender Punkte:

PRÜFUNGSORT

Die Prüfung kann von Reitvereinen, Meutehaltern im DRFV (Deutscher Reiter- und Fahrerverband) sowie Pferdebetrieben, die dem Niveau eines FN gekennzeichneten Betriebes entsprechen, mit Genehmigung des Landesverbandes bzw. der Landeskommission durchgeführt werden. Es wird empfohlen, einen entsprechenden Vorbereitungslehrgang mit Meute-Beteiligung durchzuführen (siehe FN-

Merkblatt). Die Durchführung des Lehrgangs muss mindestens durch einen Trainer C, B, A-Reiten mit gültiger DOSB- oder BLSV-Trainerlizenz bzw. Pferdewirt Fachrichtung Klassische Reitausbildung mit gültiger DOSB-Lizenz oder gültigem Fortbildungsnachweis der BBR (Bundesvereinigung der Berufsreiter) bzw. Pferdewirtschaftsmeister-Teilbereich Reitausbildung mit den Verantwortlichen eines Meutehalters erfolgen.

PRÜFUNGSKOMMISSION

Der Prüfungskommission müssen zwei Personen angehören, ein Richter und ein Beauftragter der Deutschen Schleppjagdvereinigung (DSJV). Prüfer und Veranstalter sind gemeinsam dafür verantwortlich, dass keine Besorgnis der Befangenheit (z. B. Verwandtschaft, Besitzer, Ausbilder, Arbeitgeber-, Arbeitnehmerverhältnis, wirtschaftliche Beziehungen) geltend gemacht werden kann.

JAGDREITABZEICHEN STUFE 2

Aufgabe des Jagdreitabzeichens Stufe 2 ist es:

— die in Stufe 1 erworbenen Kenntnisse zu vertiefen
— grundlegende Fertigkeiten in der Jagdplanung zu vermitteln
— den Absolventen zum Einsatz als Feldpikör im Feld zu befähigen.

Voraussetzungen für die Zulassung zur Prüfung sind:

— ein Mindestalter von 14 Jahren
— die bestandene Prüfung zum Jagdreitabzeichen Stufe 1
— Teilnahme am Vorbereitungslehrgang sowie
— Teilnahme an fünf Schleppjagden, dokumentiert durch Unterschrift eines Meutehalters im DSJV.

Es werden folgende **Anforderungen** gestellt:

1. PRAXIS

— Vorstellen eines Pferdes auf dem Platz
— Verhalten im Jagdfeld (Sicherheitsbewusstsein beim Stelldichein und bei Stopps, Beherrschen des Pferdes beim Anlegen der Hunde)
— Im Gelände: Gruppengalopp, dabei Absolvieren eines Ausschnitts einer jagdlichen Hindernisstrecke in einer Gruppe hinter der Meute.

2. STATIONSPRÜFUNGEN

Station 1:

— wie Stufe 1, vertiefend zusätzlich Meutewesen

Station 2:

— Planung von Schleppjagden und jagdlichen Ausritten unter Berücksichtigung der Leistungsfähigkeit der Pferde in unterschiedlichem Gelände
— Gezielte Vorbereitung des Pferdes und des Reiters
— Grundsätze der Auswahl der Strecke (inklusive Plätzen für Stelldichein, Stopp und Halali, Aufbau der Hindernisse sowie Zuschauerführung), jagdreiterliche Ethik
— Jagdreiterlicher Natur- und Umweltschutz, Schutzkategorien und Konsequenzen, Verfahren der Genehmigung von Schleppjagden und jagdlichen Ausritten
— Erforderliche Ordnungs- und Notdienste.

Die Durchführungsbestimmungen für die Prüfung sind identisch mit denen für das Jagdreitabzeichen Stufe 1.

DISTANZREITABZEICHEN STUFE 1

(vgl. APO S. 214f.) Die Prüfung für die Stufen 1 und 2 der Abzeichen Distanzreiten besteht aus zwei, für Stufe 3 aus vier Teilprüfungen, die in angemessenem zeitlichem Zusammenhang abzulegen sind.

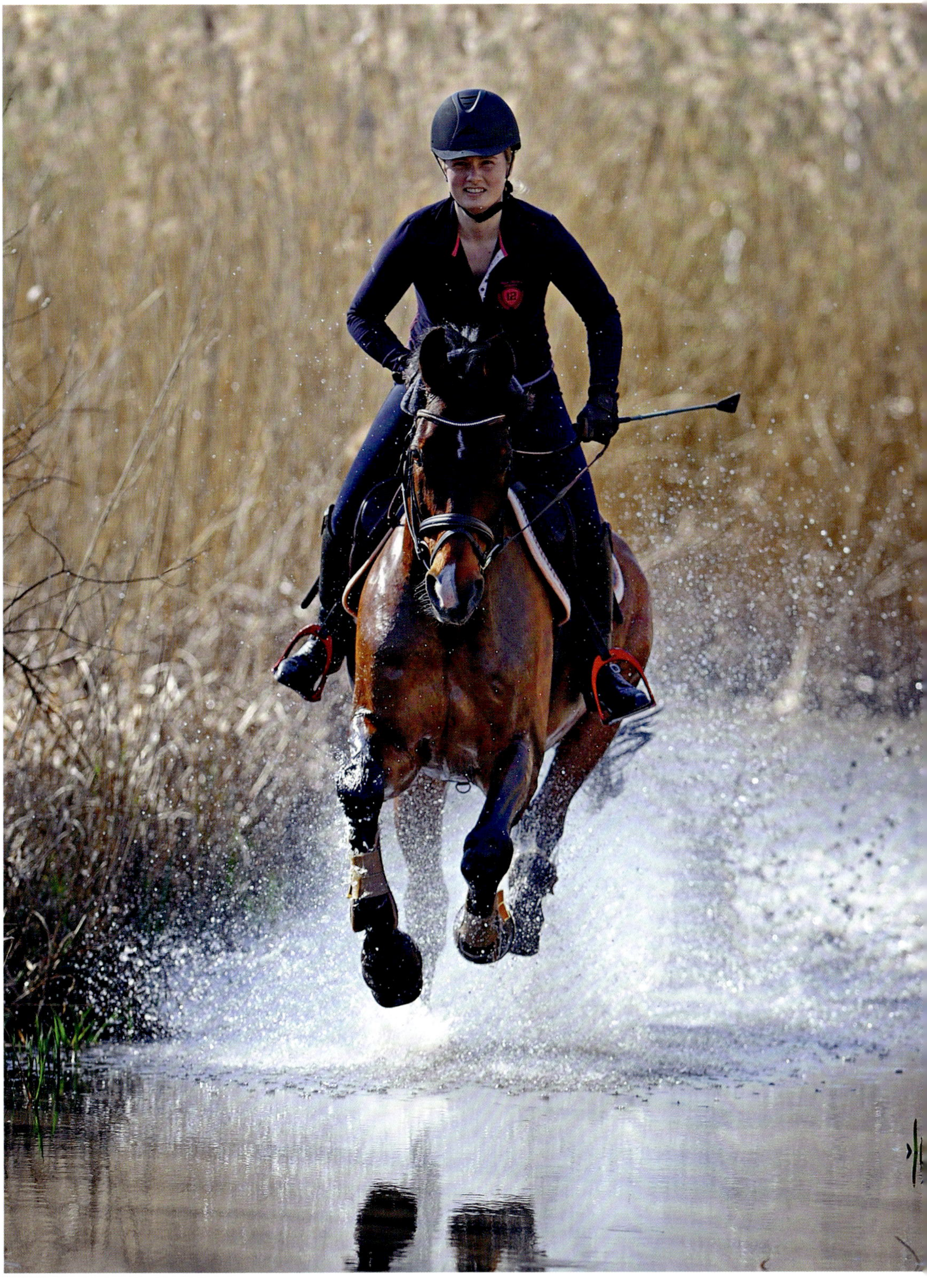

Aufgabe des Distanzreitabzeichens Stufe 1 ist es:

- grundlegende Kenntnisse für die Teilnahme an kurzen Distanzritten zu vermitteln und zu überprüfen
- den Bewerber für die Beurteilung des Zustands des Pferdes, für sicherheitsorientiertes Verhalten und das Vorgehen in Notsituationen zu schulen.

Voraussetzungen für die Zulassung sind:

- eine körperliche und geistige Mindestreife,
- ein angemessenes reiterliches Können,
- ein Kurs über Sofortmaßnahmen am Unfallort
- die bestandene Prüfung zum Pferdeführerschein Reiten
- Teilnahme am Vorbereitungslehrgang und erste Distanzreiterfahrung
- Das Mindestalter für Pferde beträgt 4 Jahre.

Es werden folgende **Anforderungen** gestellt:

1. TEILPRÜFUNG ALLGEMEINE REITERLICHE FÄHIGKEITEN

- Reiten eines geeigneten Pferdes auf dem Außenplatz oder in der Halle (nach Anweisung) in allen drei Grundgangarten. Beurteilt werden: ausbalancierter Sitz, Beherrschen des Pferdes, harmonischer Gesamteindruck
- Reiten von kurzen (1–2 km) Geländeabschnitten in gleichmäßigem, vorgegebenem Tempo. Beurteilt werden: wie zuvor, außerdem die Gleichmäßigkeit und das Einhalten des Tempos.

2. TEILPRÜFUNG DISTANZREITEN

- Absolvieren eines Einführungsrittes oder einer Reitsimulation, etwa 25 bis 40 Kilometer, in der Regel nicht langsamer als Tempo 8 (= 8 km/h). Beurteilt werden: Verhalten des Reiters, Ritteinteilung, harmonischer Reitstil, Versorgen des Pferdes vor, während und nach dem Ritt, Fitness des Reiters, Vorstellen beim Tierarzt.

3. STATIONSPRÜFUNGEN

A Grundkenntnisse in Pferdekunde, Pferdehaltung unter besonderer Berücksichtigung der Versorgung der Pferde während der Distanzwettbewerbe und des Trainings. PAT-Werte messen und ihre Aussage interpretieren, Erkennen von Lahmheiten oder Erschöpfung und zu ergreifende Maßnahmen, Beurteilung des Hufbeschlags

B Grundkenntnisse der Reitlehre inklusive Ausrüstung des Pferdes und Kleidung des Reiters beim Distanzritt. Training für Distanzritte

C Orientierung im Gelände (Umgang mit topographischen Karten, Einsatz des Messrades)

D Richtiges Verhalten im Straßenverkehr und in Feld und Wald unter Beachtung der gesetzlichen Bestimmungen, Wetterkunde (grundlegende Kenntnisse, Verhalten bei Gewitter, etc.), Verhalten bei Unfällen, Transport von Pferden, Einsatz transportabler Weidezäune

E Ethische Grundsätze, Tierschutzgesetz, Doping und ADMR (Anti-Doping- und Medikamentenkontrollregeln)

F Grundkenntnisse des VDD-Reglements, Zulassungsbestimmungen bei Distanzritten, Reiten von Distanzritten, Beurteilen und Einhalten des geforderten Tempos (z. B. T5), Höchstzeiten, Zeittore etc., Verhalten in Pausen und Vet-Gates, Vorstellen beim Tierarzt inklusive Vortraben.

Die Bestimmungen für die Durchführung der Prüfung entsprechen denen für das Wanderreitabzeichen, mit Ausnahme der folgenden Punkte:

- Die Prüfung kann von Reitvereinen sowie Pferdebetrieben, die dem Niveau eines FN gekennzeichneten Betriebes entsprechen, mit Genehmigung des VDD (Verein Deutscher Distanzreiter- und -fahrer) und Anmeldung bei LV/LK (Landesverband der Reit- und Fahrvereine/Landeskommission für Pferdeleistungsprüfungen) durchgeführt werden. Ein entsprechender Vorbereitungslehrgang ist durchzuführen. Die Durchführung des Lehrgangs muss mindestens durch einen Trainer C, B, A-Reiten oder Distanzreiten mit gültiger DOSB- oder BLSV-Lizenz bzw. Pferdewirt Fachrichtung Klassische Reitausbildung oder Fachrichtung Spezialreitweisen mit gültiger DOSB-Lizenz oder gültigem Fortbildungsnachweis der BBR (Bundesvereinigung der Berufsreiter) bzw. Pferdewirtschaftsmeister-Teilbereich Reitausbildung und mit großer Distanzerfahrung erfolgen (siehe VDD-Merkblatt).

— Unter den zwei Personen der Prüfungskommission muss ein Prüfer VDD sein. Der zweite Prüfer muss entweder ein Trainer B-Distanzreiten oder ein FN-Richter mit der Mindestqualifikation DL/SL und RP sein.
  Der VDD beruft wenigstens ein Mitglied der Prüfungskomission.

Zum Bestehen einer Teilprüfung müssen genügende Leistungen (5,0) erbracht werden.

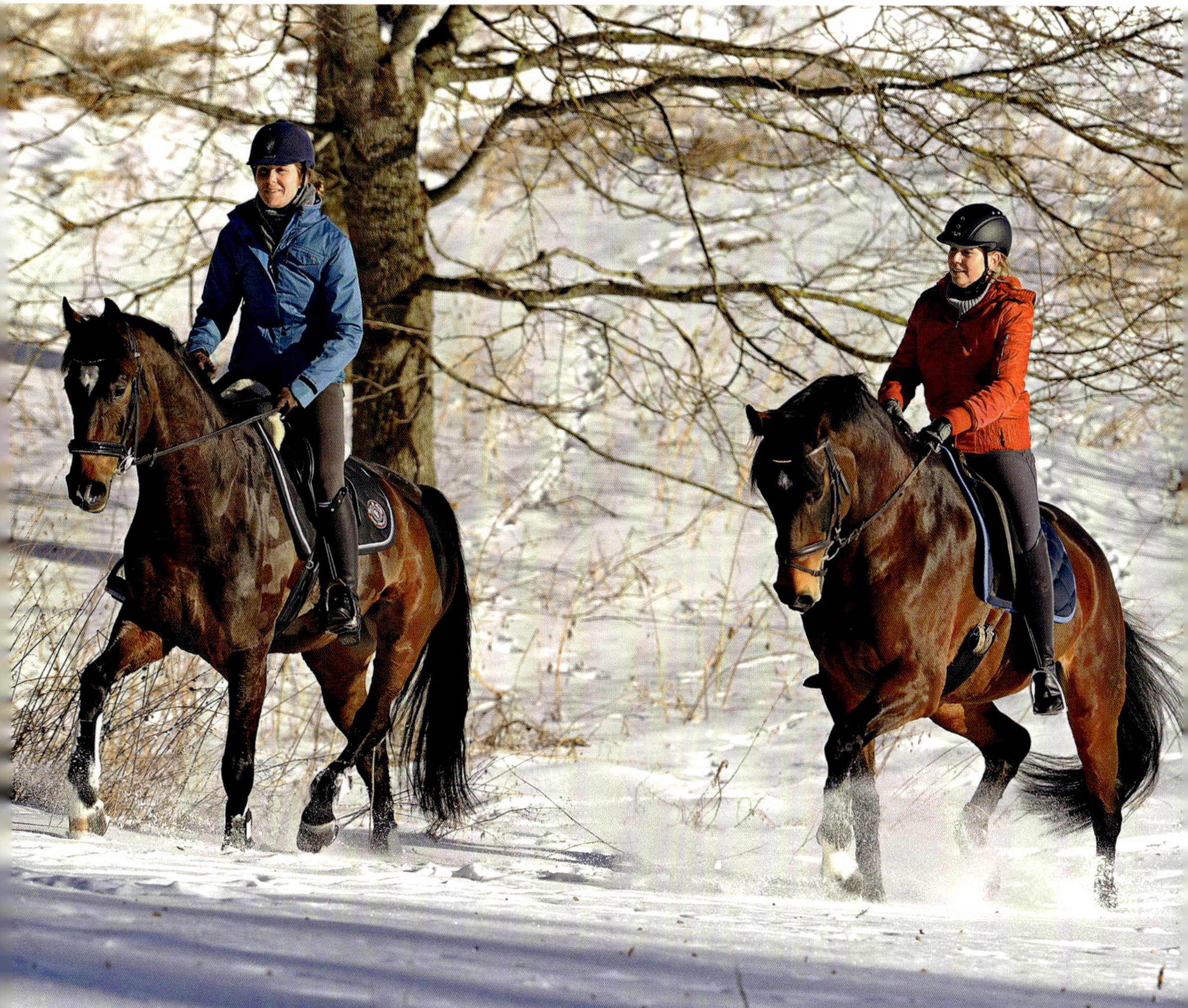

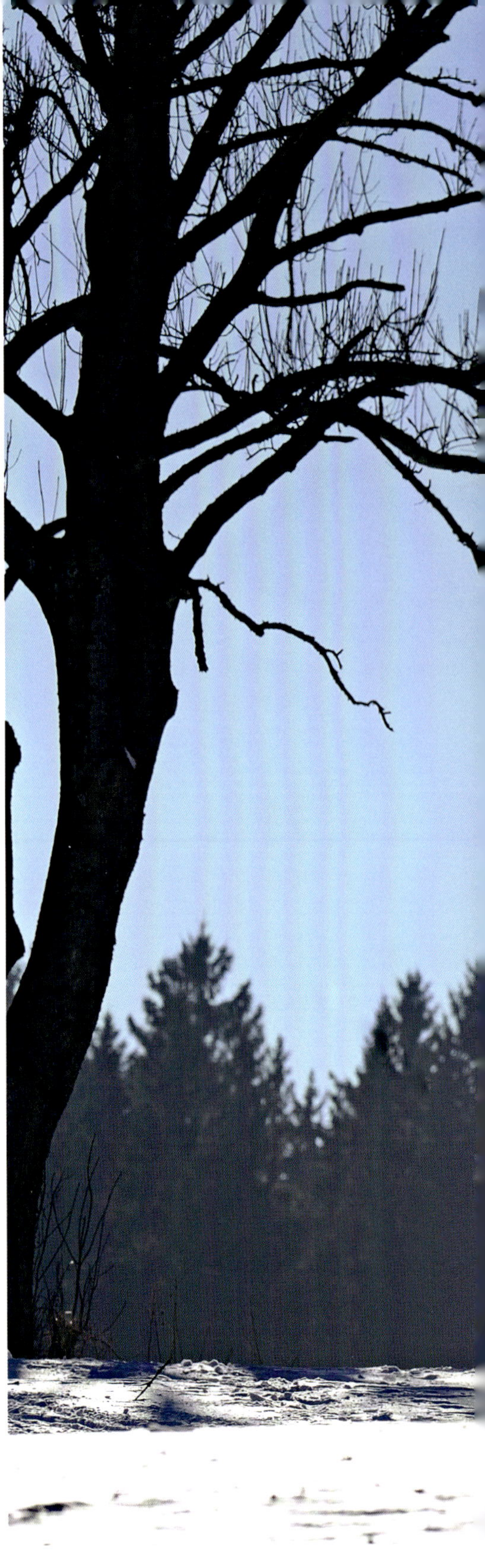

DISTANZREITABZEICHEN STUFE 2

Aufgabe der Stufe 2 des Distanzreitabzeichens ist es:

— die in der Stufe 1 erworbenen Kenntnisse zu vertiefen
— den Absolventen zur Teilnahme an mittleren Distanzritten zu befähigen und ihn auf die lange Strecke vorzubereiten.

Voraussetzungen für die Zulassung zur Prüfung sind:

— eine körperliche und geistige Mindestreife,
— die bestandene Prüfung zum Distanzreitabzeichen Stufe 1
— Nachweis von erfolgreicher Teilnahme an mindestens fünf Distanzritten
— Teilnahme am Vorbereitungslehrgang,
— Das Mindestalter für Pferde beträgt sechs Jahre.

Es werden folgende **Anforderungen** gestellt:

1. TEILPRÜFUNG (I) ALLGEMEINE REITERLICHE FÄHIGKEITEN

A Reiten eines Pferdes auf dem Außenplatz oder in der Halle nach Anweisung; dabei lösende und gymnastizierende Arbeit, Cavaletti- oder Trailarbeit, Springen einzelner Cavaletti. Beurteilt werden: ausbalancierter geschmeidiger Sitz, Einwirkung, Beherrschen des Pferdes, harmonischer Gesamteindruck.

B Reiten von kurzen (1–2 km) Geländeabschnitten in gleichmäßigem vorgegebenen Tempo. Beurteilt werden: wie a), außerdem Gleichmäßigkeit und Einhalten des Tempos.

C Reiten einer Strecke von mindestens 5 km nach Karte.

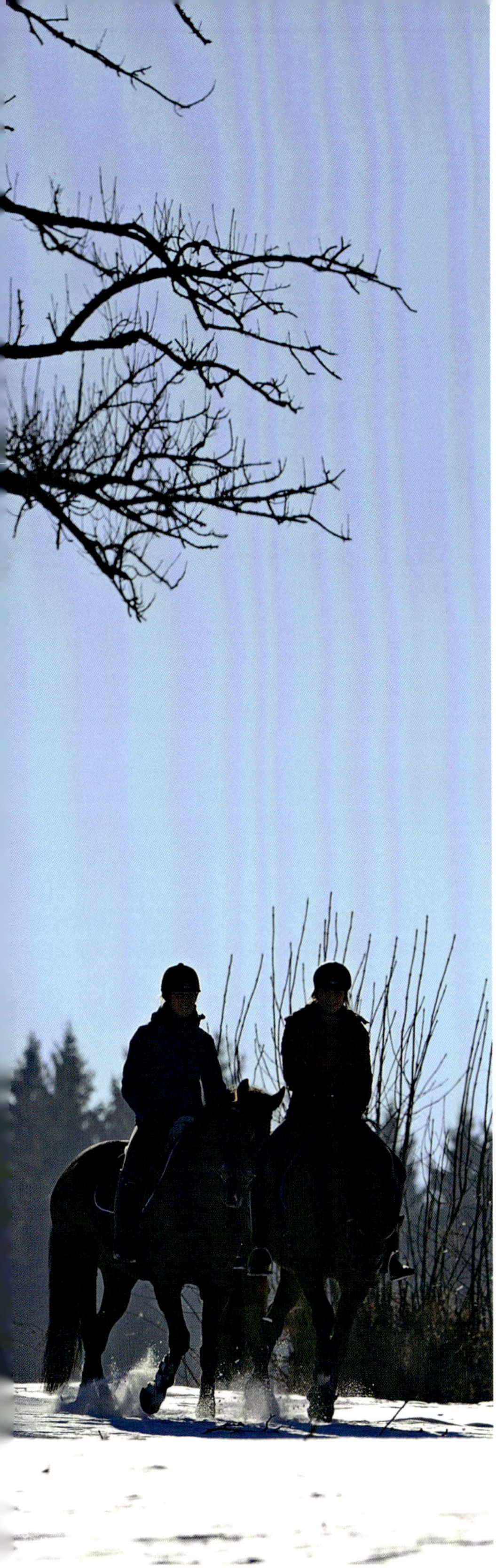

2. TEILPRÜFUNG DISTANZREITEN (II)

Absolvieren eines kurzen Distanzrittes oder einer Rittsimulation 40–60 km lang, in der Regel nicht langsamer als Tempo 6. Beurteilt werden: Verhalten des Reiters beim Ritt, Ritteinteilung, harmonischer Reitstil, Versorgen des Pferdes vor, während und nach dem Ritt, Fitness des Reiters, Vorstellen beim Tierarzt.

3. STATIONSPRÜFUNGEN (III)

- A Pferdekunde, Pferdehaltung unter besonderer Berücksichtigung der Versorgung der Pferde während der Distanzwettbewerbe und des Trainings. PAT-Werte messen und interpretieren, Erkennen von Krankheiten, Lahmheiten oder Erschöpfung, zu ergreifende Maßnahmen, Beurteilung des Hufbeschlags.
- B Ausbildung und Gymnastizierung von Distanzpferden
- C Grundkenntnisse der Trainingslehre für Distanzpferde; Training für Distanzritte.
- D Orientierung im Gelände (Umgang mit topographischen Karten, Einsatz des Messrades, Umgang mit GPS-Systemen), Einschätzen der Streckengeschwindigkeit. Richtiges Verhalten im Straßenverkehr und in Feld und Wald unter Beachtung der gesetzlichen Bestimmungen, Wetterkunde (grundlegende Kenntnisse, Verhalten bei Gewitter, etc.), Verhalten bei Unfällen, Transport von Pferden, Einsatz transportabler Weidezäune.
- E Ethische Grundsätze, Tierschutzgesetz, Doping und ADMR (Anti-Doping- und Medikamentenkontrollregeln).

F Kenntnisse des VDD-Reglements, Zulassungsbestimmungen bei Distanzritten, Planung von Distanzritten unter Berücksichtigung der Leistungsfähigkeit des Pferdes, Reiten von Distanzritten, Beurteilen und Einhalten des geforderten Tempos, Höchstzeiten, Zeittore usw., Verhalten in Pausen und Vet-Gates, Vorstellen beim Tierarzt inklusive Vortraben.

Zum Bestehen einer Teilprüfung müssen befriedigende Leistungen (6,0) erfüllt werden. Der Bewerber muss alle Teilprüfungen bestehen.
Eine nicht bestandene Prüfung kann erst nach 3 Monaten wiederholt werden

DISTANZREITABZEICHEN STUFE 3

Aufgabe der Stufe 3 des Distanzreitabzeichens ist es:
— die in der Stufe 2 erworbenen Kenntnisse auszubauen
— den Absolventen zu befähigen, sich und sein Pferd auf lange Ritte im In- und Ausland vorzubereiten und daran teilzunehmen
— die notwendigen Kenntnisse und Fertigkeiten zur Teilnahme an Trainerlehrgängen zu erwerben und nachzuweisen.

Voraussetzungen für die Zulassung zur Prüfung sind:
— ein Mindestalter von 14 Jahren
— Mitgliedschaft im VDD
— die bestandene Prüfung zum Distanzreitabzeichen Stufe 2,oder RA 4 und 1000 Wettkampfkilometer in der Wertung und alle Zulassungsvoraussetzungen für Stufe 1
— Nachweis über die Teilnahme an langen Distanzritten und der Beendigung in der Wertung
— Teilnahme am Vorbereitungslehrgang
— Das Mindestalter der Pferde beträgt sieben Jahre.

Die Prüfung besteht aus vier Teilprüfungen, die in angemessenem zeitlichem Zusammenhang abzulegen sind.

Es werden folgende **Anforderungen** gestellt:

1. PRAXIS I – ALLGEMEINE REITERLICHE FÄHIGKEITEN

A Reiten eines geeigneten Pferdes nach Anweisung; dabei lösende und gymnastizierende Arbeit, Cavaletti- oder Trailarbeit, Springgymnastik oder Geländespringen (davon ein Sprung mindestens 60 cm). Beurteilt werden: ausbalancierter geschmeidiger Sitz, Einwirkung und Beherrschen des Pferdes, Erreichen eines gymnastizierenden Effekts, harmonischer Gesamteindruck.

B Reiten von kurzen (1–2 km) Geländeabschnitten in gleichmäßigem vorgegebenen Tempo ohne Uhr oder mit vorgegebener Pulsfrequenz.
Beurteilt werden: ein ausbalancierter geschmeidiger Sitz des Reiters, Beherrschen des Pferdes, harmonischer Gesamteindruck, Gleichmäßigkeit und Einhalten des Tempos bzw. der Pulsfrequenz.

C Reiten eines Streckenabschnitts von 6–15 km nach Karte. Der Abschnitt soll möglichst Geländeschwierigkeiten wie Kletterstelle, Steilhang, Furt oder Ähnliches enthalten. Beurteilt werden: flüssiges und zügiges Finden der Strecke, ausbalancierter geschmeidiger Sitz, Beherschen des Pferdes, harmonischer Gesamteindruck von Pferd und Reiter.

2. STATIONSPRÜFUNGEN

Überprüfung der Handlungsfähigkeit theoretisch (schriftlich oder mündlich) und/oder praktisch
— Reitlehre
— Trainingslehre inkl. Leistungsphysiologie und Pulsmessgeräte
— Internationaler Distanzsport
— Hufbeschlag, Fütterung, Veterinärkunde

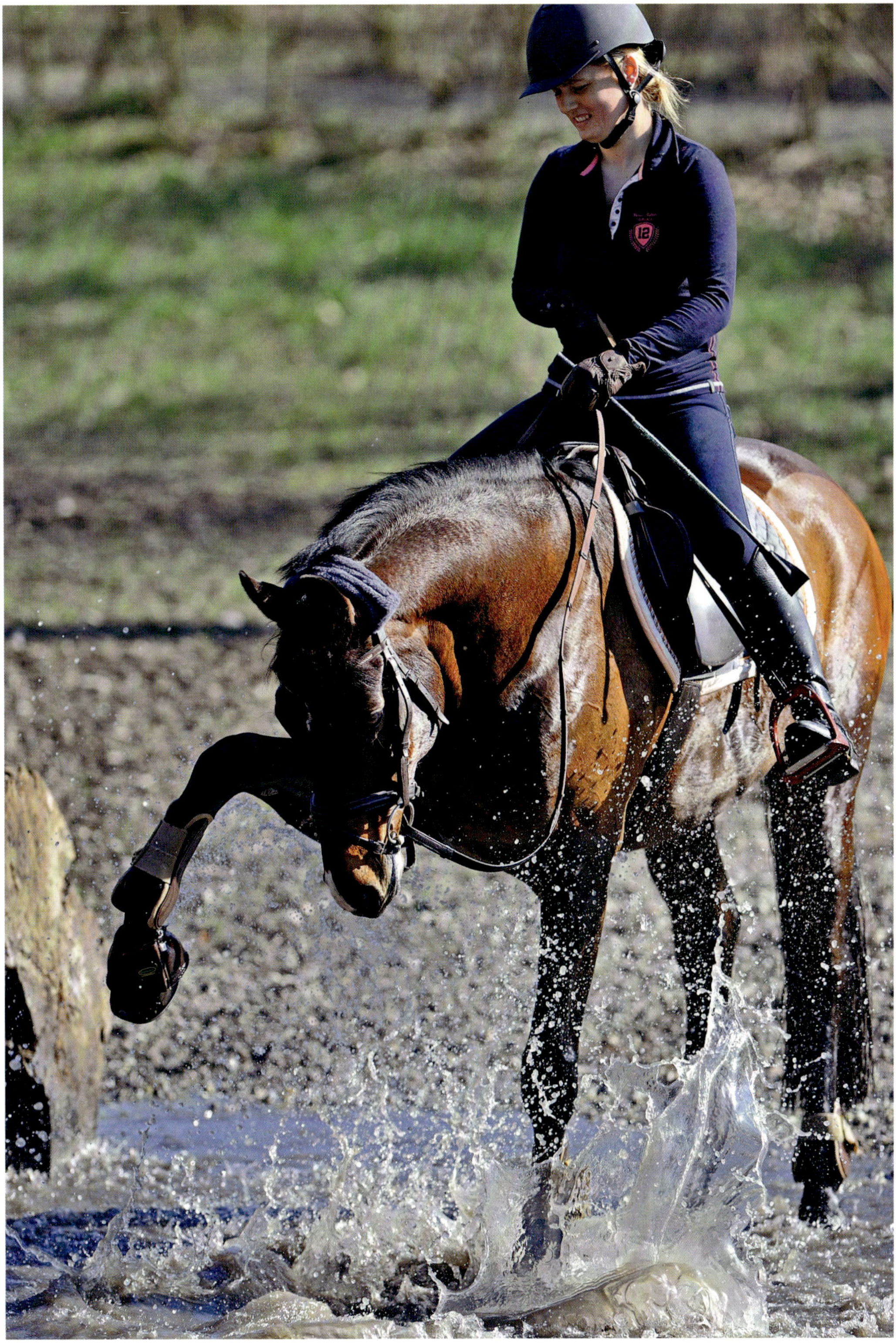

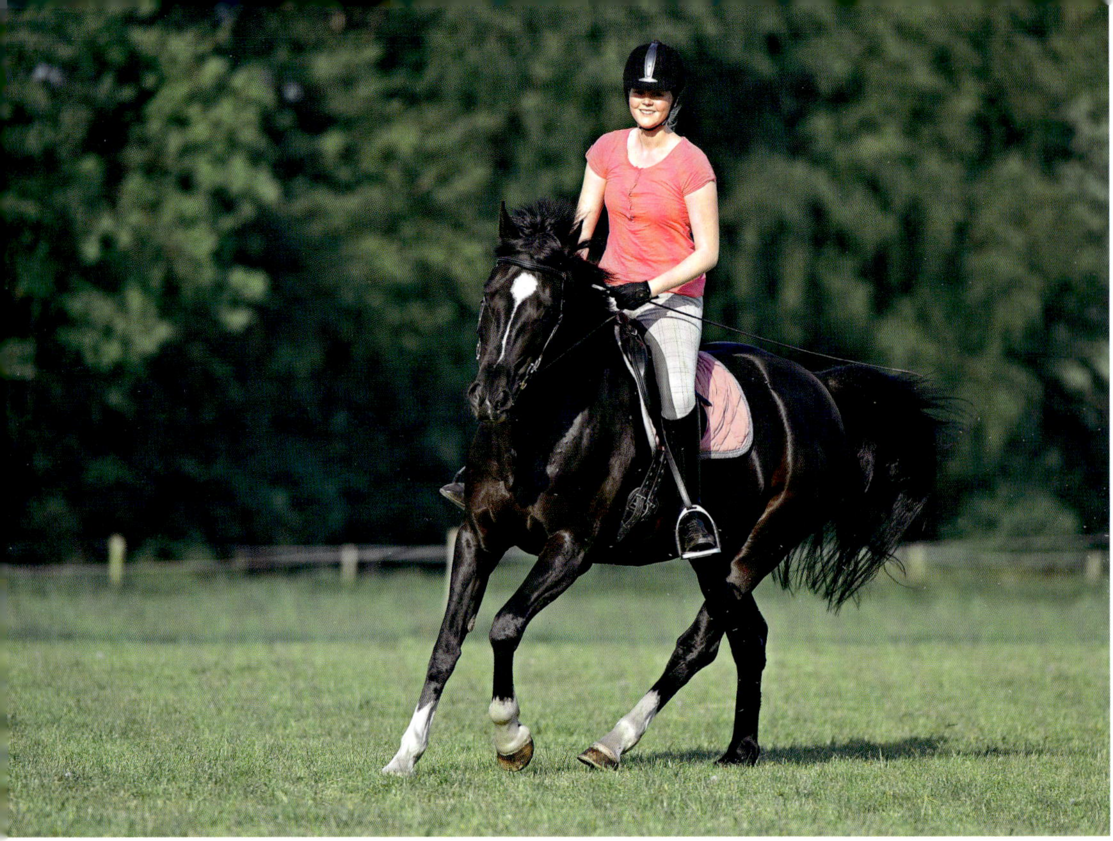

3. PRAXIS II – DISTANZREITEN

Absolvieren eines langen Distanzritts 90 bis 125 km lang, in der Regel nicht langsamer als Temo 5. Der Ritt muss vom VDD als Prüfungsritt anerkannt sein.
Beurteilt werden: Verhalten des Reiters beim Ritt, Ritteinteilung, harmonischer Reitstil, Versorgen des Pferdes vor, während und nach dem Ritt, Fitness des Reiters, Vorstellen beim Tierarzt.

4. THEORIE – DISTANZREITEN

Es werden Themen und Fragen gestellt, die sich aus dem Modul Praxis II ergeben. Bezüge zum Ritt des Bewerbers sind herzustellen.
Zum Bestehen eines Prüfungsteils müssen befriedigende Leistungen (6,0) erbracht werden. Die Prüfungsteile Praxis 1 und Stationsprüfungen müssen bestanden sein, bevor der Prüfungsteil Praxis 11 – Distanzreiten begonnen werden darf.
Eine nicht bestandene Prüfung kann frühestens nach 3 Monaten wiederholt werden.

GELÄNDEREIT-ABZEICHEN STUFE 1

(vgl. APO S. 197) Die Geländereitabzeichen sollen die Vertrautheit von Pferd und Reiter mit den vielfältigen Anforderungen in der Natur überprüfen.

Aufgabe des Geländereitabzeichens Stufe 1 ist es:

— das Reiten in verschiedenen Geländeformen mit unterschiedlicher Bodenbeschaffenheit sowie das Überwinden von Naturhindernissen schrittweise zu erlernen und zu festigen
— durch praktische und theoretische Kenntnisse und Fähigkeiten eine harmonische, sichere und risikolose Bewältigung der Aufgaben zu erlangen und Motivation zu fördern.

Voraussetzungen für die Zulassung sind:
— eine körperliche und geistige Mindestreife,
— ein angemessenes reiterliches Können

— Besitz des Pferdeführerscheins Umgang oder der RA 7 und 6
— Besitz des Pferdeführerscheins Reiten mit Springen
— Teilnahme am Vorbereitungslehrgang.
— Das Mindestalter für Pferde beträgt 4 Jahre.

Die Prüfung besteht aus zwei Teilprüfungen, die an einem Tag abzulegen sind.

Es werden folgende **Anforderungen** gestellt:

1. TEILPRÜFUNG GELÄNDEREITEN

— „Wegstrecke“ mit Einzelgalopp, Überprüfung des leichten Sitzes und Tempogefühl,
— Stilgeländeritt der Klasse E

2. STATIONSPRÜFUNGEN

— Station 1: Dreiecksvorführung, Ausrüstung von Reiter und Pferd
— Station 2: Kondition von Reiter und Pferd, Hinderniskunde (Arten, Aufbau, Abmessungen).

Beide Prüfungsteile müssen bestanden werden; das Gesamtergebnis lautet „bestanden“ oder „nicht bestanden“.

GELÄNDEREITABZEICHEN STUFE 2

Voraussetzungen sind:
Wie bei Stufe 1, außerdem Besitz des Geländereitabzeichen Stufe 1

Die Prüfung besteht aus zwei Teilprüfungen, die an einem Tag abzulegen sind.

Es werden folgende **Anforderungen** gestellt:

1. TEILPRÜFUNG GELÄNDEREITEN

— „Wegstrecke“ mit Einzelgalopp, Überprüfung des leichten Sitzes und des Tempogefühls
— Stilgeländeritt der Klasse A

2. STATIONSPRÜFUNGEN

— Station 1: Verfassungsprüfung, Trainingslehre
— Station 2: Anforderung einer Geländestrecke und deren Beurteilung.

Beide Prüfungsteile müssen bestanden werden; das Gesamtergebnis lautet „bestanden“ oder „nicht bestanden“.

VERZEICHNIS DER ABKÜRZUNGEN

APO Ausbildungs- und Prüfungsordnung
BBR Bundesvereinigung der Berufsreiter
BLSV Bayerischer Landes-Sportverband
BW Breitensportwettbewerbe
DRFV Deutscher Reiter- und Fahrerverband
DRV Deutsche Richtervereinigung für Pferdeleistungsprüfungen
DSB Deutscher Sportbund
EWU Erste Westernreiter Union Deutschland
FA Fahrabzeichen
FEI Fédération Equestre Internationale (Internationale Reiterliche Vereinigung)
FN Fédération Equestre Nationale (Deutsche Reiterliche Vereinigung)
IGV Internationale Gangpferde Vereinigung
IPO Islandpferde-Prüfungs-Ordnung
IPZV Islandpferde-Reiter- und Züchterverband
LE Lehreinheiten (1 LE = 45 Minuten)
Lk Leistungsklasse
LK Landeskommission für Pferdeleistungsprüfungen
LP Leistungsprüfung
LPO Leistungs-Prüfungs-Ordnung
LV Landesverband der Reit- und Fahrvereine
PFS Pferdeführerschein
RA Reitabzeichen
RV Reit-, Fahr- oder Voltigierverein
StVO Straßenverkehrsordnung
VDD Verein Deutscher Distanzreiter und -fahrer
WB Wettbewerb
WBO Wettbewerbsordnung
WAR Westernreitabzeichen
ZV Zuchtverband

DIE ABZEICHEN IM GELÄNDEREITEN DER FN

Viele Reiter verbinden mit Ausreiten Entspannung vom Dressurtraining, andere wiederum sehen im Geländeritt eine sportliche Herausforderung. Deshalb gibt es für unterschiedliche Interessen die jeweils passenden Abzeichen.

DER PFERDEFÜHRERSCHEIN REITEN

Mit dem Pferdeführerschein Reiten wird dokumentiert, dass der Inhaber ein geeignetes Pferd in einer Gruppe, in der Reitbahn, im Gelände und im Straßenverkehr sicher reiten kann und über die dafür nötigen theoretischen Kenntnisse verfügt.
Die im Pferdeführerschein Reiten vermittelten Inhalte dienen dem Umweltschutz, dem Tierschutz, der Unfallsicherheit und der gegenseitigen Rücksichtnahme in der Natur.

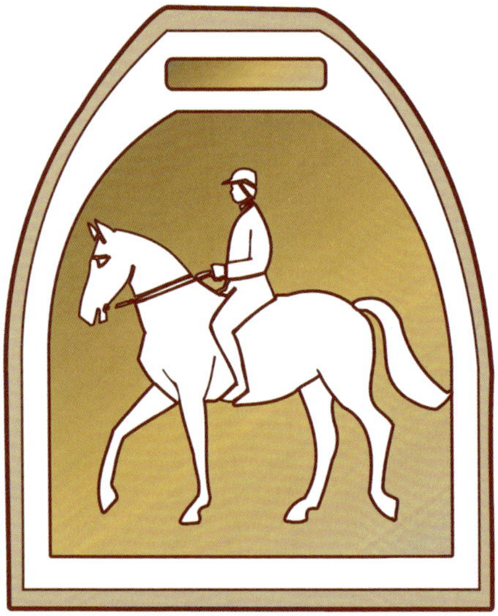

Pferdeführerschein Reiten

Der Pferdeführerschein Reiten wird reitweisenübergreifend angeboten, d. h. auch Westernreiter, Islandpferdereiter oder Gangpferdereiter können das Abzeichen in ihrer Reitweise erwerben.
Voraussetzung zum Erwerb des Pferdeführerscheins Reiten ist der Pferdeführerschein Umgang oder alternativ der Besitz der Reitabzeichen 7 und 6. In der Prüfung zum Pferdeführerschein Reiten werden keine Noten vergeben. Das Prüfungsergebnis lautet „bestanden" oder „nicht bestanden". Erfolgreiche Prüfungsteilnehmer erhalten Abzeichen, Urkunde und eine Eintragung in die Reiterkarte mit allen bei der FN abgelegten Ausbildungen.

GELÄNDEREITABZEICHEN

Wurde der Pferdeführerschein Reiten absolviert, lässt sich darauf das Geländereitabzeichen Stufe 1 aufbauen. Es soll die Vertrautheit von Pferd und Reiter mit den vielfältigen Anforderungen der Natur überprüfen. Die Prüfung besteht aus der Teilprüfung Geländereiten mit einer „Wegstrecke", einem Stilgeländeritt Klasse E sowie Stationsprüfungen (Dreiecksvorführung, Theorie der Ausrüstung, Hinderniskunde, Kondition). Im Geländereitabzeichen Stufe 2 sind die Anforderungen entsprechend höher (Klasse A, Verfassungsprüfung, Beurteilung einer Geländestrecke).

WANDERREIT-ABZEICHEN

Aufbauend auf den Pferdeführerschein Reiten gibt es bei den Wanderreitabzeichen zwei Stufen. Das Wanderreitabzeichen Stufe 1 ist für Reiter gedacht, die längere Strecken zurücklegen und z. B. mehrstündige Ausritte oder Tages-ritte unternehmen wollen. Die Prüfung besteht aus einem mehrstündigen Streckenritt mit Orientierungsaufgaben in einer Gruppe. Das Wanderreitabzeichen Stufe 2 ist für Reiter gedacht, die mehrtägige Ritte unternehmen wollen. Ziel des Abzeichens sind grundlegende Fertigkeiten in der Planung von Wanderritten. In der Prüfung wird ein mindestens zweitägiger Wanderritt absolviert. Dabei ist eine Orientierungsaufgabe nach vorgegebenem Tempo sowie ein Gelände-Geschicklichkeitsparcours zu absolvieren.

JAGDREITABZEICHEN

Aufbauend auf den Pferdeführerschein Reiten gibt es bei den Jagdreitabzeichen zwei Stufen. Das Jagdreitabzeichen Stufe 1 vermittelt grundlegende Kenntnisse für die Teilnahme an einer Jagd. Praktisch wird hierbei geordnetes Reiten in der Gruppe im Gelände, Gruppengalopp in mehreren Tempi sowie das Überwinden von natürlichen Hindernissen geprüft. Das Jagdreitabzeichen Stufe 2 vermittelt grundlegende Fertigkeiten in der Planung einer Jagd sowie die Aufgabe eines Pikörs im Feld. Praktisch wird ein Ausschnitt einer jagdlichen Hindernisstrecke im Gruppengalopp geprüft.

DISTANZREITABZEICHEN

Aufbauend auf den Pferdeführerschein Reiten gibt es bei den Distanzreitabzeichen drei Stufen. Das Distanzreitabzeichen Stufe 1 ist für Reiter gedacht, die an kurzen Distanzritten teilnehmen wollen. In der Prüfung wird ein Einführungsritt von ca. 25 – 39 km gefordert. Das Distanzreitabzeichen Stufe 2 vermittelt Fertigkeiten in der Planung und Durchführung von langen Ritten. In der praktischen Prüfung wird ein mittlerer Distanzritt von ca. 69 – 70 km absolviert. Das Distanzreitabzeichen Stufe 3 bereitet den Prüfling und sein Pferd auf lange Ritte im In- und Ausland vor. In der Prüfung wird ein langer Distanzritt von 160 km, für Teilnehmer unter 21 Jahren 120 km verlangt.

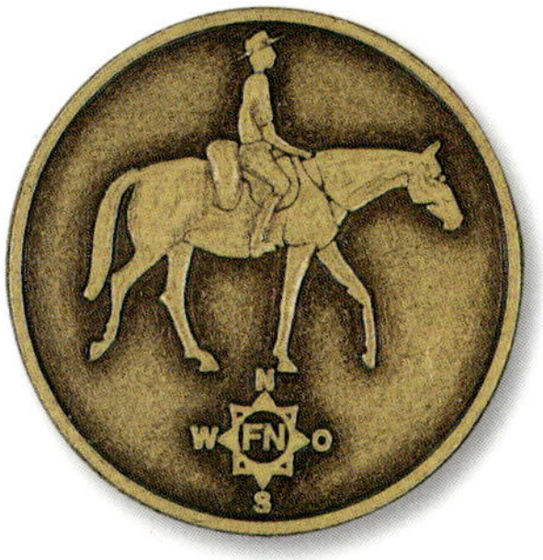

Wanderreitabzeichen

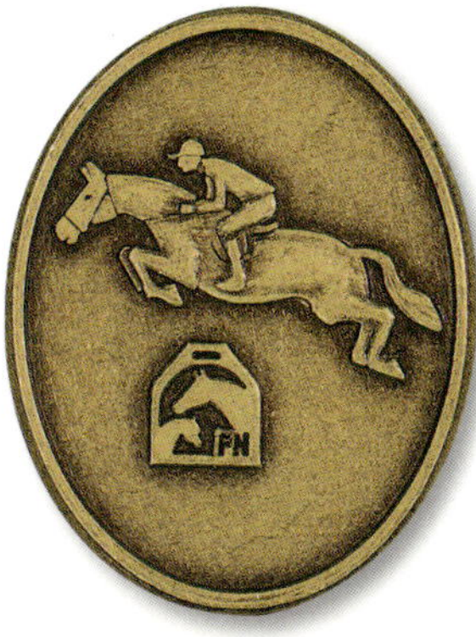

Jagdreitabzeichen

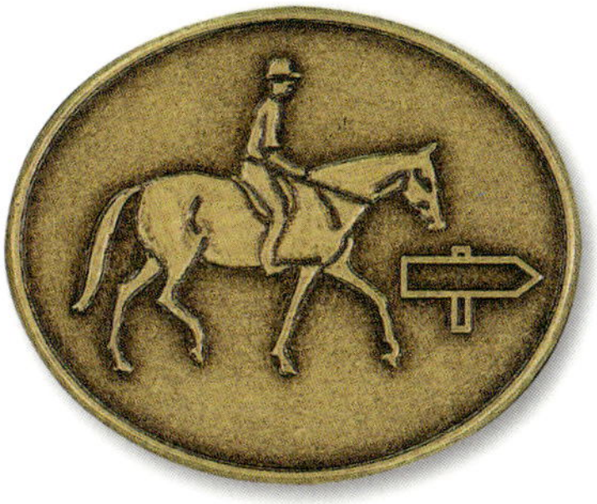

Distanzreitabzeichen

SERVICE

— *zu guter Letzt*

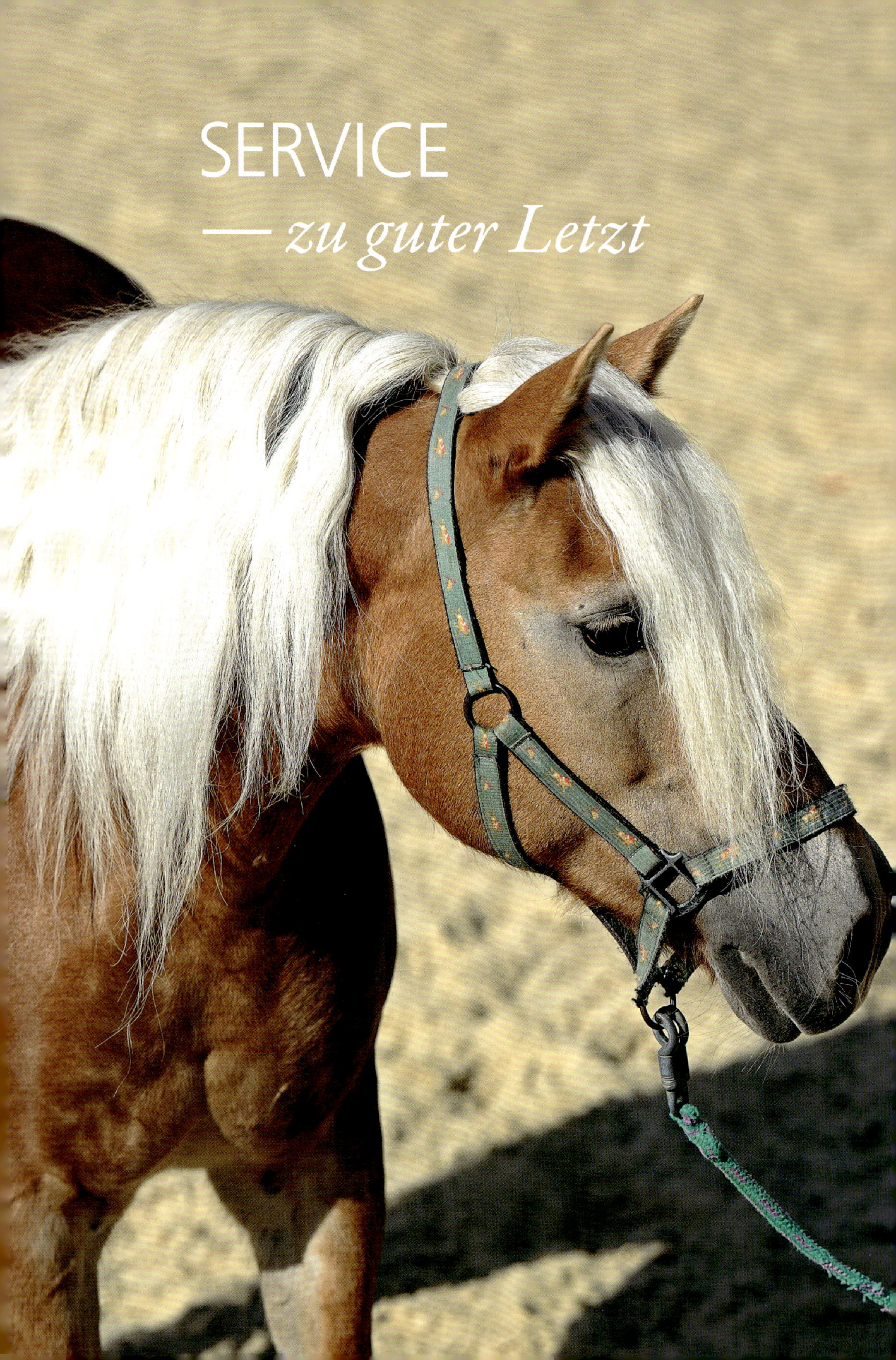

ZUM WEITERLESEN

PFERDEKUNDE / GESUNDHEIT

Bender: **Pferdehaltung und Fütterung;** KOSMOS 2015
Die Standardwerke vom Experten für artgerechte Pferdehaltung, Ingolf Bender, im Doppelband! Dieses Kompendium beantwortet alle Fragen der modernen Pferdehaltung und beinhaltet langjährig erprobte und umsetzbare Vorschläge für die Praxis..

Wilsie, Sharon/Vogel, Gretchen: **Sprachkurs Pferd,** Pferdesprache lernen in 12 Schritten; KOSMOS 2018
Jedes Zucken von Ohr oder Nüster, jede Bewegung des Pferdes hat eine Bedeutung. Pferde reden mit uns, doch die meiste Zeit übersehen wir diese Signale. Mit diesem Übersetzungshelfer lernen wir, die Sprache unserer Pferde zu verstehen und uns mit ihnen so zu unterhalten, dass sie unsere Wünsche verstehen und sich verstanden fühlen. Auch als E-Book erhältlich.

BODENARBEIT

Schöpe, Sigrid: **Bodenarbeit mit Stangen und Pylonen,** Mit den Übungen für die Abzeichenprüfungen; KOSMOS 2016
Bodenarbeit ist ein wichtiger Teil der Prüfungen zu den Reitabzeichen der FN. Dieser kompakte Foto-Ratgeber zeigt, wie gute Bodenarbeit gelingt: Vom korrekten Führtraining bis hin zum Geschicklichkeitstraining mit Stangen und Pylonen werden alle Aufgaben Schritt für Schritt erklärt. Bodenarbeit ist Basistraining für Reiter und Pferd.

REITABZEICHEN

Hölzel, Dr. Petra / Hölzel, Wolfgang / Schöffmann, Dr. Britta: **Pferdeführerschein Umgang,** Prüfungswissen der FN für Theorie und Praxis; KOSMOS 2020
Das Basiswissen für den richtigen Umgang mit dem Pferd. Aktualisiert nach der aktuellen APO.

Putz, Michael: **Die Reitabzeichen,** Prüfungswissen der FN für Theorie und Praxis; KOSMOS 2018
Dieser Ratgeber zu den Reitabzeichen ist auf dem neuesten Stand der APO und liefert aktuelles Wissen zur praktischen und theoretischen Prüfung. Mit ausführlichem Frage-Antwort-Teil zum Selbstlernen.

Böhmke, Waltraud: **Reitabzeichen Bodenarbeit,** Prüfungswissen der FN für Theorie und Praxis, KOSMOS 2018
Seit 2014 ist die Bodenarbeit Bestandteil der FN-Abzeichen-Prüfungen 10 – 5 und für den Pferdeführerschein Umgang. Dieser Ratgeber enthält alle wichtigen Grundlagen und Fakten für die Prüfungsvorbereitung. Die FN-Ausbilderin Waltraut Böhmke erklärt Schritt-für-Schritt, wie Führen, Longieren, Verladen, Stangenarbeit und die Bewältigung von Schrecksituationen funktionieren. Mit ausführlichem Frage-Antwort-Teil zum Selbstlernen.

REITEN

Schöffmann, Dr. Britta: **Lektionen richtig reiten,** Mit Übungen – geritten von den Weltmeisterinnen Kristina Bröring-Sprehe und Isabell Werth; KOSMOS 2016
Von A wie Abwenden bis Z wie Zick-Zack-Traversale findet der Reiter in diesem Buch jede wichtige Lektion ausführlich erklärt.
Er erfährt, wie die Übungen richtig geritten werden, welche Fehler man vermeiden sollte und mit welchen Hilfen die Lektionen Schritt für Schritt erarbeitet werden.

REGISTER

BILDNACHWEIS

68 Farbfotos wurden von Horst Streitferdt für dieses Buch aufgenommen.

Weitere Farbfotos von Gudrun Braun (1): S. 11; Julia Rau / Kosmos (1): S. 26; Christof Salata / Kosmos (7): S. 13, 14, 25, 47 re. oben, 47 re. unten, 50, 55 unten re.

Mit Illustrationen von Gisela Holstein (14): S. 17, 18, 19, 20, 22, 25, 26, 27, 29, 32 oben, 63, 65, 66 Benny Hölzel (1): 33 und Umschlagklappe vorne; Cornelia Koller / Kosmos (15): S. 32 unten, 33, 38, 39, 44, 45, 60, 71.

IMPRESSUM

Umschlaggestaltung von Jorge Schmidt unter Verwendung zweier Farbfotos von Horst Streitferdt / KOSMOS.

Mit 77 Farbfotos und 48 Illustrationen.

Gedruckt auf chlorfrei gebleichtem Papier

5., aktualisierte und überarbeitete Ausgabe

ISBN 978-3-440-16187-6
Redaktion: Katja Pauls
Gestaltungskonzept: Peter Schmidt Group GmbH, Hamburg
Gestaltung und Satz: DOPPELPUNKT, Stuttgart
Produktion: Hanna Schindehütte/Claudia Frank
Druck und Bindung: Westermann Druck Zwickau GmbH, Zwickau
Printed in Germany / Imprimé en Allemagne

FSC
www.fsc.org
MIX
Papier aus verantwortungsvollen Quellen
FSC® C110508

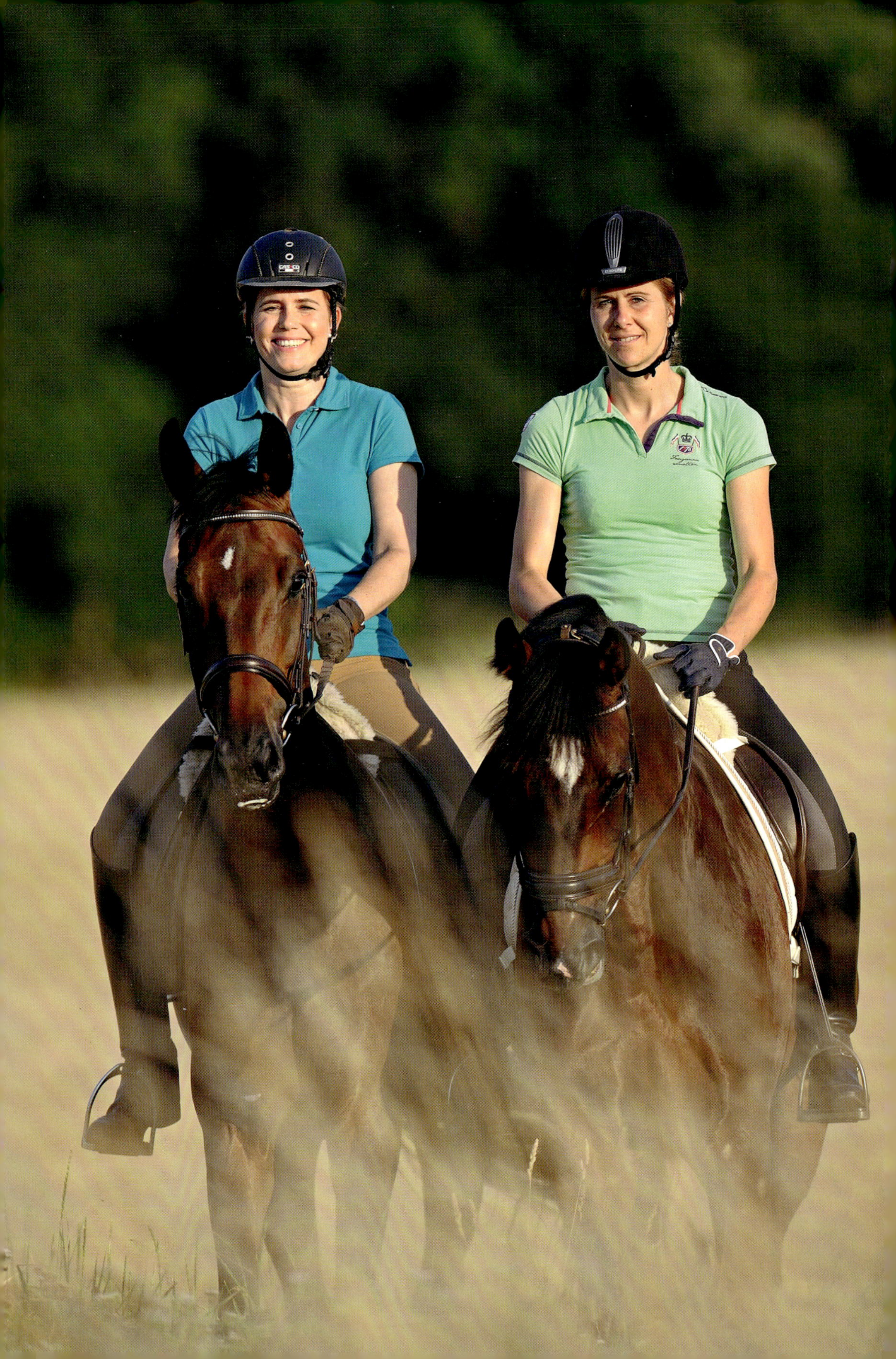